Achim Dunker
»Die chinesische Sonne scheint immer von unten«

Achim Dunker

»Die chinesische Sonne scheint immer von unten«

Licht- und Schattengestaltung im Film

5., überarbeitete Auflage

UVK Verlagsgesellschaft mbH

Praxis Film
Band 47

Bibliografische Information der Deutschen Nationalbibliothek
Die Deutsche Nationalbibliothek verzeichnet diese Publikation in der Deutschen
Nationalbibliografie; detaillierte bibliografische Daten sind im Internet über
http://dnb.d-nb.de abrufbar.

Das Werk einschließlich aller seiner Teile ist urheberrechtlich geschützt. Jede
Verwertung außerhalb der engen Grenzen des Urheberrechtsgesetzes ist ohne
Zustimmung des Verlages unzulässig und strafbar. Das gilt insbesondere für
Vervielfältigungen, Übersetzungen, Mikroverfilmungen und die Einspeicherung
und Verarbeitung in elektronischen Systemen.

ISSN 1617-951X
ISBN 978-3-86764-111-1

© UVK Verlagsgesellschaft mbH, Konstanz 2008
Einbandgestaltung: Susanne Fuellhaas, Konstanz
Einbandfoto: © Jane Dunker, Köln
Druck: fgb · freiburger graphische betriebe, Freiburg

UVK Verlagsgesellschaft mbH
Schützenstr. 24 · D-78462 Konstanz
Tel.: 07531-9053-0 · Fax: 07531-9053-98
www.uvk.de

Inhalt

Vorwort zur erweiterten 5. Auflage............................... 9

I.   Wahrnehmung von Lichtverhältnissen 11

II.   Die Möglichkeiten der Lichtgestaltung 15
    1. Räumlichkeit darstellen 15
    2. Strukturen hervorheben 16
    3. Modulation 16
    4. Stimmungen schaffen..18
    5. Charakterisierung...19

III.   Lichtlogik und Lichtkonzeption 21

IV.   Der fotografische Stil 25

V.   Die Scheinwerfer.. 27
    1. Bauform...27
    a) Flächenleuchte 27
    b) Stufenlinsenscheinwerfer 29
    c) PAR...30
    d) Verfolgerspot..32
    e) Weichstrahler..32
    f) Asymmetrischer Fluter 33
    g) Doppelleistungsscheinwerfer 36
    h) Doppelfunktionsscheinwerfer...37
    i) Weitere Scheinwerfer 37
    j) Die 100.000 Watt Tageslichtlampe 38
    k) Spezielle Blitzlampen 39
    l) Lampen für Highspeed-Aufnahmen 40
    m) Leuchtstofflampen..41
    n) LED...42
    o) Spacelight 43
    p) Ballon-Licht..44
    q) Dimmbare Scheinwerfer 45
    r) Flickerfreie Scheinwerfer 45
    s) Kohlebogenscheinwerfer 45
    2. Strahlungsqualität: weiches und hartes Licht.........................45

Inhalt

3. Lichtart: Kunstlicht und Tageslicht 46
4. Leistung 49
5. Auswahlkriterien. 49

VI. Lichtsetzen in der Praxis **51**
1. Funktionen der Lichtquellen 51
   a) Hauptlicht 52
   b) Aufhellung 54
   c) Spitzlicht 55
   d) Raumlicht 55
2. Porträtausleuchtung 58
3. Ausleuchtung einer Diskussionsrunde 61
4. Beleuchtungsschere 61

VII. Hilfsmittel **63**
1. Diffusionsmaterialien (Diffusoren) 63
2. Aufhellmaterialien 65
3. Materialien zum Abschatten. 67
4. Farbfolien. 68
5. Stative. 68

VIII. Lichtgestaltung **71**

IX. Farbtemperatur **77**

X. Mischlicht **81**

XI. Lichtgestaltung in Innenräumen **85**
Nachtaufnahmen in Innenräumen. 91

XII. Lichtgestaltung bei Außenaufnahmen **95**
Das Glück des Mutigen. 100
Nächtliche Außenaufnahmen 101

XIII. Werbespots **105**
1. Packshot. 105
2. Präparation des Produkts. 105
3. Lichtstimmungen 106
4. Reflex 106

5.	Spiegelung	107
6.	Hohlkehle	110

XIV. Die eigene Lichtgestaltung: ›Mit den Augen stehlen‹ **117**

XV. Ausrüstungsvorschläge für Spiel- und Dokumentarfilmproduktionen **119**

XVI. Belichtungsmessung **123**

1.	Gradationskurve	123
2.	Lichtmessung und Objektmessung	126
3.	Reflexionsgrade verschiedener Oberflächen	128
4.	Objektumfang	128
5.	Lichttechnische Definitionen	131

XVII. Zeitmanagement **133**

1.	Wie wird man schnell?	133
2.	Wie bleibt man schnell?	134
3.	Teamfähigkeit und Teamführung	135

XVII. Interviews **143**

1.	Interview mit Franz Hujber, Oberbeleuchter	143
2.	Interview mit Axel Block	151
3.	Interview mit Gernot Roll	164
4.	Interview mit Jost Vacano	183

Register **191**

Vorwort zur erweiterten 5. Auflage

»Die chinesische Sonne scheint immer von unten« – mit diesem Paradox bringt Gernot Roll augenzwinkernd seine langjährigen Erfahrungen als Kameramann und Lichtgestalter auf den Punkt: Film und Filmlicht entwickeln ihre eigene Logik, in der die Forderungen des Realismus ihre Gültigkeit verlieren können. Denn nicht immer ist das, was richtig im Sinne von realistisch ist, auch gut und wirkungsvoll. So kann das Filmlicht auch schon einmal wundervoll falsch sein und die Sonne von unten scheinen.

Der vorliegende Band führt ein in die Gestaltung von Licht und Schatten im Film; er wendet sich an alle, die sich für die Themen Film, Filmlicht und Filmdramaturgie interessieren, insbesondere an Studierende von Filmhochschulen, an Praktiker, die ihre ersten Erfahrungen sammeln und an Video-Amateure.

Um mit der Filmlichtgestaltung vertraut zu werden, ist es am besten, Lampen und Initiative selbst in die Hand zu nehmen und auszuprobieren. Damit die ersten Schritte nicht planlos verlaufen und die Ergebnisse nicht zufällig sind, vermittelt der vorliegende Band anschaulich und praxisorientiert die Grundlagen der Lichtgestaltung und gibt zahlreiche weiterführende Anregungen. Verbindliche Regeln gibt es auf diesem Gebiet nicht; jede Situation, jede Einstellung verlangt vom Beleuchter oder Kameramann Experimentierfreudigkeit und neue Ideen. Diese Freiheit, die viel Kreativität verlangt, ist auch Gegenstand der Interviews mit drei erfahrenen und international anerkannten Kameramännern. Die Gespräche mit Axel Block, Gernot Roll und Jost Vacano geben Gelegenheit, Profis beim Nachdenken über ihre Arbeit zu belauschen und ihnen bei der Lösung schwieriger Aufgaben der Lichtgestaltung über die Schulter zu schauen.

Da aber niemand als fertiger Kameramann auf die Welt kommt, habe ich den Kameraleuten ein Interview mit dem versierten Oberbeleuchter Franz Hujber vorangestellt. Oft führt der Weg hinter die Kamera über Lehr- und Wanderjahre als Beleuchter.

Das Buch ist aus meiner Tätigkeit als Referent von Lichtseminaren hervorgegangen, und es ist auch aufgebaut wie ein Seminar: Grundsätzliche Überlegungen und auf die Praxis ausgerichtete Kapitel führen im Wechsel immer tiefer in das Thema hinein. Abgerundet wird das Thema ›Licht‹ durch Überlegungen zu Zeit-Management, Teamfähigkeit und Teamführung.

Achim Dunker

I. Wahrnehmung von Lichtverhältnissen

Unter dem Begriff Licht ist nicht nur die elektromagnetische Strahlung zu verstehen, sondern in erster Linie das, was wir sehen. Physikalisch betrachtet ist Licht, wie man weiß, nicht zu sehen – es ist unsichtbar. Lediglich das, was sich im Lichtstrom befindet, wird sichtbar. Das Wahrnehmen der Lichtsituation, beispielsweise in einem Zimmer, geschieht meist unbewusst. Bewusst werden die Lichtverhältnisse erst dann, wenn der relativ große Bereich des Angenehmen verlassen wird, zum Beispiel wenn eine Lichtquelle blendet oder wenn insgesamt zu wenig Licht vorhanden ist. Beides wird fast immer ohne großes Nachdenken korrigiert. Blendet das Licht, so dreht man die Lampe in eine andere Richtung oder wechselt selbst den Standort. Ist es zu dunkel, schaltet man eine zusätzliche Lampe an.

Im Freien interessiert man sich nicht so sehr für das Licht, sondern mehr für das Wetter. Sonnenschein ist für die meisten Menschen das ›Beste‹. Man sagt ja auch: Die Sonne »lacht« vom Himmel. Der reizvolle, ständige Wechsel von Licht und Schatten durch Wolken und die Änderung des Sonnenstandes wird oft nur als Verlust registriert: »Schade, die Sonne ist weg.« Die damit verbundene Änderung im Aussehen von Menschen, Gebäuden und Landschaften wird nur sehr selten wahrgenommen. Es ist so, als habe man ein optimales Bild von dem, was man sieht, in sich gespeichert. Dieses innere Bild ist so dominant, dass es einige Zeit braucht, bis selbst starke Veränderungen im Aussehen eines Menschen (andere Frisur, Bart oder Ähnliches) wahrgenommen werden. Von daher ist es nur allzu verständlich, dass geringfügige Änderungen – hervorgerufen durch eine andere Art der Ausleuchtung – nicht oder nur selten bemerkt werden. Das in der Vorstellung vorhandene optimale Bild wirkt wie ein Filter mit unberechenbarer Durchlässigkeit. Auch die unbewusste Wahrnehmung der Lichtsituation bleibt in diesem inneren Sieb hängen. Ausschalten lässt sich dieser Filter, indem man die Dinge *bewusst* betrachtet und sich folgende Fragen stellt:

1) Was für eine Lichtquelle ist vorhanden?
2) Wo steht sie?
3) Welches sind die beleuchteten Partien?
4) Wo liegen die Schatten?
5) Wie stark sind die Kontraste?
6) Sind Reflexe vorhanden? Wenn ja, wo und wie stark?
7) Wie ist die Farbstimmung?

I. Wahrnehmung von Lichtverhältnissen

Der Effekt der ›inneren Filterung‹ tritt nur in realen Situationen auf. Bei Abbildungen – sei es nun Film, Video oder Foto – sind die Elemente Licht, Schatten, Kontraste, Reflexe, Farben und die sich daraus ergebende Lichtstimmung sofort augenfällig. Auch ihr wesentlicher Anteil an der Bildgestaltung ist zu erkennen und qualitativ zu beurteilen. Was in der Realität ganz passabel wirkte, sieht als Abbildung manchmal erschreckend aus. Dies hat natürlich auch etwas mit dem Kontrastumfang von Foto, Film oder Video zu tun, der sehr viel kleiner ist als der des menschlichen Auges. Zur Verdeutlichung: Blickt man aus einigem Abstand durch ein Fenster von innen nach außen, so erkennt man alle Details der Zimmerpflanzen auf dem Fensterbrett und auch alle Details der Pflanzen draußen im Garten, obwohl es dort draußen vielleicht tausendmal heller ist. Weder eine Film- oder Foto- noch eine Videokamera besitzt den Kontrastumfang des menschlichen Auges. Hier muss man das Licht so einbringen, dass die Kamera ein Bild liefert, wie es das menschliche Auge wahrnimmt.

Bei der Arbeit mit Licht muss man sich von allen störenden inneren Bildern freimachen und die Situation analytisch betrachten. Es gilt, die Elemente Licht, Schatten und Reflexe in ihrer bildgestalterischen Wirkung zu erfassen und zu beurteilen. Versuchen Sie es! Dieses Training braucht sich nicht nur auf die eigentliche Arbeit mit Scheinwerfern und Kamera zu beschränken. Schauen Sie sich das Leben *direkt*, ohne den Umweg der Aufzeichnung an. Jeden Tag begegnen einem ungezählte Ausleuchtungen: innen und außen, von Menschen und Objekten, Tag und Nacht, von Häusern, Straßen und Landschaften, Sonnenlicht und Glühlampenlicht. Trainieren Sie Ihre Wahrnehmung, lassen Sie sich von der Wirklichkeit anregen, und optimieren Sie in Gedanken die Ausleuchtung. Nehmen Sie den ständigen Wechsel von Sonnenlicht und Wolkenschatten wahr. Lassen Sie sich von der Natur verschiedene Ausleuchtungen anbieten und versuchen Sie, die Unterschiede zu erkennen. Der ständige Wechsel macht die Sache so reizvoll – und so schwierig. Etwas, das immer in Bewegung, in Veränderung begriffen ist, lässt sich nur schwer erfassen.

Der Kameramann macht mit dem Licht, das er einsetzt, die Dinge erst sichtbar. Er stellt sich so einer ganz besonderen Kritik, denn jeder der späteren Betrachter hat seine eigene, mehr oder weniger konkrete Idealvorstellung, an der die Abbildung gemessen wird. Das Gestalten mit Licht und Schatten ist keine Wissenschaft mit starren Regeln, sondern eine *Kunst*. Kunst hat immer mit persönlichem Geschmack und individuellen Vorlieben zu tun. Ich will damit sagen, dass alles machbar, aber nicht alles gleich gut ist und dass »viele Wege nach Rom führen«.

Anregung

Üben Sie sich in der Wahrnehmung der natürlichen Lichtsituation. Fotografieren Sie ein Objekt bei verschiedenen Beleuchtungen, wenn es geht in Schwarzweiß, denn so tritt die Wechselwirkung von Licht und Schatten stärker hervor. Was Sie als Motiv wählen, bleibt Ihnen überlassen. Es sollte von der graphischen Wirkung her einfach sein und über eine eigene Lichtquelle verfügen oder nachts von künstlichen Lichtquellen beleuchtet werden, beispielsweise eine Telefonzelle, eine Straßenkreuzung von oben oder die Fassade des Nachbarhauses; es gibt noch tausenderlei andere Möglichkeiten. Bilden Sie das Motiv bei unterschiedlichen Sonnenständen (zu verschiedenen Tageszeiten), bei bewölktem Himmel, bei Regen, in der Dämmerung und nachts ab. Vergleichen Sie anschließend die Bilder miteinander, nicht nach der Kategorie schön oder nicht schön, sondern versuchen Sie, inhaltliche Aussagen zu machen. Wann wirkt das Motiv trist und trostlos, wann hat es etwas Unheimliches, wann wirkt es freundlich und einladend?

II. Die Möglichkeiten der Lichtgestaltung

Trivial, aber entscheidend: Am Aufnahmeobjekt muss eine Mindestbeleuchtungsstärke vorhanden sein. Wie viel *Lux*[1] dieser Wert zu betragen hat, hängt bei Videoaufnahmen von der Lichtempfindlichkeit der jeweiligen elektronischen Kamera und der Lichtstärke des Objektivs ab. Beim herkömmlichen, klassischen Filmmaterial sind die Lichtstärke des Objektivs, die Empfindlichkeit der Filmschicht sowie die Filmentwicklung für die Lichtempfindlichkeit ausschlaggebend.

Die Werbung für Videokameras, gleichgültig ob es sich dabei um Profikameras oder Geräte für den Amateurfilmer handelt, stellt die hohe Lichtempfindlichkeit besonders in den Vordergrund. Eine hohe Lichtempfindlichkeit ist unbestreitbar eine tolle Sache. Technisch einwandfreie Aufnahmen bei Kerzenlicht durchzuführen, eröffnet der Filmgestaltung neue Möglichkeiten. Dem Laien kann die hohe Lichtempfindlichkeit aber etwas Falsches suggerieren, nämlich dass es nicht mehr nötig sei, zusätzliches Licht einzusetzen. Rein physikalisch betrachtet reicht diese Lichtempfindlichkeit zwar aus, um auch bei schwachen Lichtquellen ein Bild auf Magnetband oder Film aufzuzeichnen. Wer sich jedoch ausschließlich auf die vorhandene Beleuchtung beschränkt, verschenkt die Möglichkeit des gestalterischen Lichteinsatzes und somit eines der wirkungsvollsten Mittel der Filmgestaltung. Lichteinsatz heißt jedoch hier nicht einfach zusätzliches Beleuchten, sondern bedeutet *Lichtgestaltung*. Die Gewichtung liegt eindeutig auf Gestaltung. Die Lichtgestaltung ist ausgerichtet auf die filmische Absicht, auf die zu transportierende Aussage. Dabei ist es völlig unerheblich, ob es sich um zusätzlich eingebrachtes Licht handelt oder um die vorhandene natürliche Lichtsituation.

1. Räumlichkeit darstellen

Das filmische Bild ist bekanntermaßen zweidimensional, die dritte Dimension kann nicht direkt dargestellt werden. Stellen Sie sich ein Zimmer vor oder, noch besser, einen Flur. Der Eindruck der Tiefe dieses Flurs kann durch einen Darsteller, der diesen Flur entlangläuft, oder durch eine Bewegung der Kamera vermittelt werden. Darüber hinaus kann, oder richtiger, muss die Tiefe des Flurs durch die richtige Lichtgestaltung herausgearbeitet werden. Licht und Schatten geben dem Zuschauer den entscheidenden Eindruck von den Dimensionen des Raumes. Die Größe eines Zimmers kann durch die Ausleuchtung vorgetäuscht werden. Unterschiedliche Lichtgestaltungen führen zu verschiedenen optischen Tiefen.

---

1   Definition siehe Seite 131.

II. Die Möglichkeiten der Lichtgestaltung

2. Strukturen hervorheben

Was für die Totale eines Flurs zutrifft, gilt natürlich auch für eine Groß- oder Detailaufnahme. Hier ist es wieder die Aufgabe der Lichtgestaltung, bestimmte Oberflächenstrukturen herauszuheben oder verschwinden zu lassen. Denken Sie nur an Werbespots. Eine schweinslederne Aktentasche muss so ausgeleuchtet werden, dass die Lederstruktur plastisch hervortritt. Das Gesicht einer Frau – man denke dabei nur an Aufnahmen für Kosmetika – muss glatt und makellos aussehen, obwohl dies keineswegs der Realität entspricht. Dieses Hervorheben oder Verschwindenlassen von Oberflächenstrukturen lässt sich nur durch die entsprechende Lichtgestaltung erreichen.

3. Modulation

Licht und Schatten können das bestimmende Element einer Bildgestaltung sein, dies in so einem starken Maße, dass das eigentliche Objekt der Bildkomposition zu einer Nebensache wird. Die Fotos auf der folgenden Seite verdeutlichen dies. Das Objekt ist ein quadratischer Karton, der von einer Ecke aus bis zum Mittelpunkt diagonal eingeschnitten ist. Die beiden Zipfel sind dann entgegengesetzt umgebogen worden. Bei allen fünf Aufnahmen sind Standort und Kamerawinkel gleichgeblieben. Allein durch Variieren der Lichtgestaltung wurden vollkommen verschiedene Ansichten *moduliert*, daher auch der Name für dieses Pappobjekt: *Lightmodulator*.

Anregung

Diese Bildserie möchte ich als Übung empfehlen. Fertigen Sie dieses oder ein ähnliches Objekt von ungefähr 15 cm Größe an, und besorgen Sie sich schwarzen Fotokarton. Diesen Karton legen Sie auf einen Tisch, kleben darauf die vordere Kante mit Klebeband (Gewebeklebeband heißt im Filmjargon *Lassoband*) und befestigen das hintere Ende des Fotokartons an zwei Flaschen oder Ähnlichem in etwa 20 cm Höhe, so dass der Karton in einer sanften Kurve von der Waagerechten in die Senkrechte übergeht. Die fachliche Bezeichnung für diese Art von Unter- bzw. Hintergrund ist *Voute* bzw. *Hohlkehle*. Auch in großen Ateliers ist der Übergang vom Boden zur Wand so gestaltet. Diese Rundung verhindert, dass sich bei dem späteren Bild der 90°-Winkel zwischen Boden und Wand als störender Strich abbildet. Legen Sie das Objekt auf den Karton, und bestimmen Sie einen Blickwinkel, der bei allen Aufnahmen gleichbleibt. Machen Sie das erste Bild mit dem vorhandenen Raumlicht. Variieren Sie dann bei jeder weiteren

3. Modulation

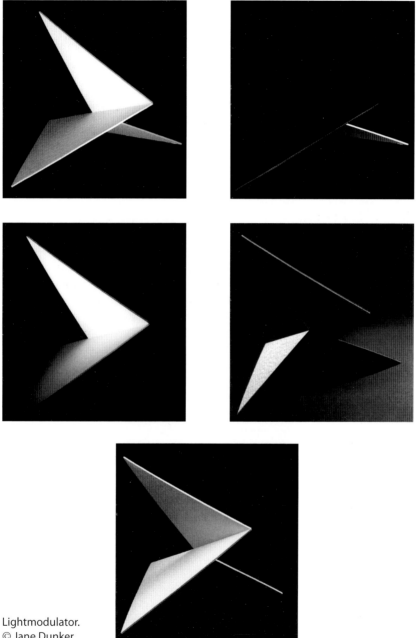

Lightmodulator.
© Jane Dunker

II. Die Möglichkeiten der Lichtgestaltung

Aufnahme die Beleuchtung, um möglichst unterschiedliche Ansichten herauszuarbeiten. Dies kann durch verschiedene Lampen geschehen, beispielsweise mit punktförmigen Lichtquellen wie Diaprojektor und Schreibtischleuchte, mit Halogen-Niedervoltlampen und mit flächigen Lichtquellen wie Leuchtstoffröhren. Benutzen Sie nicht nur eine Lampe, sondern zwei oder drei gleichzeitig aus verschiedenen Richtungen. Verändern Sie auch die Standorte der Lampen. Die geringe Höhe der Rückwand des Aufnahmetisches ermöglicht es, das Objekt auch von hinten zu beleuchten (Gegenlicht).

Neben diesen direkten, bildlichen Gestaltungsmöglichkeiten bietet die Arbeit mit Licht aber noch weitere, subtilere Ausdrucksformen:

4. Stimmungen schaffen

Stellen Sie sich einen Frühlingstag vor, den ersten nach dem Winter. Diese Lichtstimmung löst bei den Menschen in unseren Breiten eine bestimmte positive Gefühlslage aus. Dagegen kann sich die Lichtstimmung eines dunklen, regnerischen Novembertages negativ auf das Gemüt auswirken. Diese Möglichkeit des direkten Zugriffs auf die Stimmungslage des Zuschauers ist ein phantastisches Mittel für die Filmgestaltung. Licht kann die jeweilige Grundstimmung unmittelbar ins Unterbewusstsein der Zuschauer transportieren. Die Lichtfarbe signalisiert dem Betrachter die Stimmungslage der Szene. Blaues Licht erzeugt eine gewisse Kälte, Rot und Gelb dagegen strahlen Wärme aus. Diese unterbewusste Wahrnehmung der Grundstimmung durch den Zuschauer lässt sich vortrefflich für inhaltliche Absichten ausnutzen. In Werbespots für alkoholische Getränke kommt dieser farbliche Aspekt der Lichtgestaltung besonders klar zum Ausdruck. Soll das Gebräu überwiegend am Abend zur Entspannung getrunken werden, mit Genuss, Stil, Bedacht und so weiter (wie sich die Werbeagentur das so ausgedacht hat), so ist die Lichtstimmung auf Sonnenuntergang beziehungsweise Kaminfeuer angelegt. Die Lichtfarbe wird also ins Gelblich-Rötliche tendieren und dem Bild einen gemütlichen Touch geben. Kälter von den Lichtfarben her wirken dagegen Spots, die für Drinks werben, die man möglichst den ganzen Tag über trinken soll. Oft werden hier relativ junge, sportlich aktive Leute gezeigt, am Strand, Pool oder in einer ähnlichen, auf unbeschwerte Freizeitgestaltung abgestimmten Umgebung. Für eine Darstellung von Dynamik und sportlichen Aktivitäten setzt man in der Regel keine gelblich-warme Lichtstimmung ein, sondern eine leicht bläuliche, die das Agile, Quirlige rüberbringt, denn Gemütlichkeit wäre hier fehl am Platze.

Aber nicht nur die Lichtfarbe definiert die Stimmung der Szene, sondern auch die Art und Weise, wie das Licht in die Szene eingebracht wird. Schauen Sie sich beispielsweise den Prospekt eines beliebigen Möbelhauses an. Sicher ist darin auch ein weitläufiges Wohnzimmer mit einer großzügigen Sitzlandschaft, Beistelltischen, Schrankwand, Sideboards und allem, was dazugehört, abgebildet. Wie ist es ausgeleuchtet? Kommt alles Licht gleichmäßig von oben, oder geht es scheinbar von mehreren kleineren Leuchten und Lampen im Bild aus, die Lichtinseln bilden? Bei beiden Arten der Ausleuchtung wären die Möbel gleich gut zu erkennen, nur die Stimmung wäre unterschiedlich – und das ist das Entscheidende! Im ersten Fall wäre der Eindruck sehr nüchtern und sachlich, im zweiten Fall gemütlich und wohnlich. Auch in einem Schwarzweißfilm würde allein das flackernde Licht eines Kaminfeuers eine anheimelnde Atmosphäre verbreiten. Das Feuer selbst braucht gar nicht zu sehen sein, sondern nur ein unregelmäßig züngelnder Lichtschein vom Boden her. Das Gestalten von Lichtstimmungen ist ein Spiel mit Assoziationen, es ist das Ausnutzen von Vorstellungsverknüpfungen.

5. Charakterisierung

Die Ausleuchtung speziell in Filmen mit Spielhandlung trägt mit dazu bei, die Charaktere der Rollen festzulegen. In älteren Filmen ist dies häufiger der Fall. Dabei setzte man für die weiblichen Akteure eine andere Lichtgestaltung ein als für die männlichen. Bei den Frauen wählte man ein *weiches, diffuses* Licht[2] und zusätzlich eine besondere Ausleuchtung der Haare (Gloriole)[3], die den Darstellerinnen einen makellosen Teint und ein engelhaftes Aussehen gaben. Oft wurde dies noch durch den Einsatz von Weichzeichnervorsätzen oder speziellen Porträtobjektiven unterstützt. Männliche Akteure ließ man dagegen durch Einsatz eines harten, gerichteten Lichts noch maskuliner und markanter wirken. Die Kriminalfilme der schwarzen Serie sind ein Beispiel hierfür, und natürlich auch die Filme mit Greta Garbo, Joan Crawford, Gloria Swanson, Marlene Dietrich und anderen Glamourstars. Heute wird diese Form der Charakterisierung nicht mehr so durchgängig angewandt wie in diesen alten Schwarzweißfilmen. Das hat nichts damit zu tun, dass mittlerweile fast ausschließlich Farbfilme gedreht werden, denn auch im Farbfilm lässt sich ohne weiteres diese Charakterisierung anwenden. Die Ursachen sind ganz anderer Natur. War es früher die höchste Kunst eines Kameramanns, Frauen so zu fotografieren, dass sie außerordentlich schön wirkten, so erwartet man heute von ihm, dass er Stimmungen herstellen kann. Gloriolen sind nicht mehr ›in‹. Gegenwärtig versucht man, anstelle des ›Schönen‹ mehr das Interessante in einem Porträt herauszubringen, soweit sich das so vereinfacht sagen lässt. Auch war es damals so, dass der Stil über mehrere Filme beibehalten und die weiblichen Stars immer auf dieselbe Weise fotografiert wurden. Und es war

---

2   Seite 45f.
3   Siehe Seite 55.

II. Die Möglichkeiten der Lichtgestaltung

auch eine Frage des Genres. Beispielsweise verkörpert Marlene Dietrich in einigen Filmen Josef von Sternbergs stets denselben Frauentyp: schön, verrucht und aller Verführungskünste mächtig. Nicht, dass dies in Einzelheiten dargestellt würde, aber die Zuschauer empfinden es so. Diese Wirkung beruht zu einem nicht geringen Teil auf der Charakterisierung durch das Licht. Ich bin diesem Umstand auch in den Interviews im hinteren Teil dieses Buches nachgegangen. Alle oben aufgeführten Funktionen des Lichts wirken in einer Filmszene zusammen. Die Analyse einer Szene aus dem Film CITIZEN KANE von Orson Welles, Kameramann war Gregg Toland, verdeutlicht dies. Der Reporter, der das Leben Kanes durchleuchtet, sitzt an einem langen Tisch in einer großen Halle und liest die Aufzeichnungen von Thatcher, demjenigen, der sich um die Erziehung des jungen Kane gekümmert hat. Der Journalist wird von oben mit einem einzigen Scheinwerfer beleuchtet. Der Raum ist so weit abgedunkelt, dass die in der Luft fein verteilten Schwebeteilchen die Lichtstrahlen sichtbar werden lassen; ein Lichteffekt, den man auch von der heimischen Diavorführung kennt. Die Größe des Raumes wird erst durch diese Lichtstrahlen beeindruckend, sie vermitteln die Stimmung, sind das zentrale Element der Bildgestaltung und charakterisieren in diesem Falle den Reporter als scheinbar klein, mickrig und unbedeutend.

Das Licht kann auch die wechselnden inneren Zustände der agierenden Personen zeigen, so wie es die Redewendung »Etwas in einem neuen/anderen Licht sehen« sagt. In dem Film HANNAH UND IHRE SCHWESTERN von Woody Allen sprechen Barbara Hershey und Max von Sydow über ihre Beziehung. Nach Beginn des Gesprächs wechselt von Sydow öfter seinen Standort. Er ist nun nicht mehr im Licht wie zu Beginn der Szene: Auf seinem Gesicht ist dauernd ein Schatten, und seine Regungen sind nicht mehr zu erkennen. Am Ende der Szene entfernt er sich von Barbara Hershey und ist allein im Bild. Beide lösen dann ihr Verhältnis, und Max von Sydow scheidet aus ihrem Leben und dem Film. Hier erzählt eher das Licht als die Mimik der Schauspieler die Geschichte.

Zusammenfassend lässt sich sagen, dass das Licht eine der wesentlichen Aussageebenen des Films ist. Auf eine bewusste Lichtgestaltung zu verzichten, bedeutet, entscheidende Aussagen dem Zufall zu überlassen. Zufällig könnten dann die bildlichen Informationen durch das vorhandene Licht unterstützt werden. Wahrscheinlicher ist aber, dass die absichtslose, vorhandene Lichtsituation der beabsichtigten Aussage nicht entspricht. Für die betreffende Filmszene kann dies bedeuten, dass die Aussage vom Zuschauer nicht erkannt oder schlimmstenfalls genau entgegen der ursprünglichen Absicht interpretiert wird. Geschieht dies bei einer der wichtigeren Szenen im Film, wird dadurch unter Umständen die Gesamtwirkung erheblich beeinträchtigt.

III. Lichtlogik und Lichtkonzeption

Lichtgestaltung ist der Umgang mit Licht und Schatten als Elemente der Film-gestaltung. (Man spricht auch manchmal von *Lichtführung.*) Wer seine ersten Erfahrungen macht, hat seine Probleme weniger mit dem Licht als vielmehr mit dem Schatten. Ein oft gehörter Satz in meinen Seminaren nach dem ersten Versuch einer Porträtausleuchtung ist:»Irgendwie stört der Schatten!« Die Lösung dieser ›Störung‹ sehen Anfänger fast immer in einer schattenfreien Ausleuchtung. Der Grund liegt meiner Meinung nach in einer gewissen Scheu, mit dem Licht umzugehen. Instinktiv merkt man, dass man durch das Licht der Person ein bestimmtes Aussehen gibt. Dieses Aussehen soll möglichst gut sein. Da aber nicht klar ist, was ›gut‹ bedeutet und der Weg dorthin auch nicht bekannt ist, be-müht man sich zumindest, die Person so abzulichten, wie sie ›wirklich‹ ist. Dieses ›Wirklich‹ stellt man sich anscheinend schattenfrei vor. Als Gestalter legt man so natürlich die Hände in den ›Schoß‹ und zieht sich auf die Position zurück:»Für das Aussehen kann ich nichts, es ist, wie es ist.«

Die wichtigste Empfehlung beim Umgang mit Licht lautet: *Keine Angst vor Schatten!* Auch wenn das altbekannte Goethe-Zitat»Wo viel Licht ist, ist starker Schatten«[4] natürlich metaphorisch gemeint ist, ist der Satz bei der Filmlichtgestaltung absolut wörtlich zu nehmen. Simpel und unbestreitbar: Licht und Schatten gehören untrennbar zusammen. Der Filmkritiker Gunter Groll sieht den ältesten Vorläufer des Films im chinesischen *Schattenspiel*, das sich schon um 5.000 v. Chr. nachweisen lässt.[5] Schatten sind ein filmisches Gestaltungsmittel. Ein neu-eres Beispiel für den Einsatz von Schatten ist der Beginn des Streifens CROSSFIRE von Edward Dmytryk. Der Zuschauer wird Zeuge eines Kampfes auf Leben und Tod. Man sieht aber nur die riesengroßen Schatten der Kämpfenden auf der Wand des Zimmers. Die Lampe geht im Laufe der Auseinandersetzung zu Bruch, und der Mörder entflieht im Dunkeln. Obwohl sich die Geschichte am Anfang als nor-maler *Whodunit*[6] darstellt, geht es im Endeffekt um das Motiv, den Antisemitis-mus. Die Ausleuchtung der ersten Szene wird bestimmt durch die dramaturgische Konstruktion der Geschichte. Sie bringt die vordergründige Spannung in die Story (wer ist der Mörder?), um dann nur noch das Motiv, den Antisemitismus und seine Folgen, darzustellen. Wäre die erste Szene anders ausgeleuchtet worden, beispielsweise so, dass die Kontrahenten sichtbar wären, hätte man die gesamte Geschichte anders erzählen müssen. Welches Licht auf welche Art und Weise in

---

4   Götz von Berlichingen
5   Gunter Groll: »Film, die unentdeckte Kunst«, München 1937, S. 1.
6   Kriminalfilm

III. Lichtlogik und Lichtkonzeption

eine Szene eingebracht wurde, lässt sich nur anhand der Schatten rekonstruieren. Daher vielleicht auch die anfängliche Vorliebe für schattenfreie Ausleuchtungen: Man verrät scheinbar nichts darüber, wie man die Person ausgeleuchtet hat. Es ist nicht so, dass ich etwas gegen schattenfreie Lichtgestaltung habe, mitnichten. Es gibt unendlich viele Möglichkeiten, ein Bild auszuleuchten. Ein Porträt oder eine Szene ohne Schatten aufzunehmen, ist nur eine einzige dieser Möglichkeiten. Die Ausleuchtung eines Bildes sollte sich immer nach dem Inhalt beziehungsweise der beabsichtigten Aussage richten und nicht nur nach dem, was man persönlich mag oder am besten herstellen kann. Die Frage ist nur: Wie geht man es an? Einstellungen und Szenen spielen innen oder außen, am Tag, in der Nacht oder in der Dämmerung. Der Drehbuchautor und der Regisseur verfolgen eine bestimmte Absicht damit, dass sie die Handlung an einen bestimmten Ort zu einer bestimmten Zeit legen. Die erste Frage an die Lichtgestaltung ist: Folgt man dem, was natürlicherweise dort vorherrschen würde? Oder gestaltet man etwas ›Künstliches‹, um den Inhalt (Angst, Bedrohung, Liebe, Geborgenheit, Dekadenz und so weiter) stärker oder schwächer rüberzubringen? Oder wählt man eine Mischung beider Möglichkeiten? Wie dem auch sei, man muss sich *vorher* über seine Absicht im Klaren sein, um sie dann gezielt umsetzen zu können.

Hilmar Mehnert hat die Regeln der logischen Lichtführung formuliert.[7] Obwohl dieses Postulat den Anschein der Allgemeinverbindlichkeit erweckt, ist es doch nur eine Möglichkeit der Lichtgestaltung. Da diese Regeln aber in Deutschland stark verbreitet sind, und ich in den Interviews mit Axel Block und Gernot Roll darüber diskutiert habe, möchte ich hier etwas näher darauf eingehen. Mehnert begründet die Notwendigkeit, diese Regeln aufzustellen, so:

> »Leider ist es heute noch vielfach üblich, ohne festen Plan in die Dekoration zu gehen, das Licht so lange einzurichten und umzustellen, bis schließlich eine zufriedenstellende, aber zuvor weder erwartete noch beabsichtigte Wirkung erreicht ist«.[8]

Dass diese Behauptung allerdings den tatsächlichen Gepflogenheiten entspricht, möchte ich bezweifeln; denn weder bei den Interviews, noch bei meiner eigenen Arbeit habe ich einen Hinweis darauf gefunden, dass dies in der Bundesrepublik üblich ist. Es ist auch nur schwer vorstellbar, dass sich in der ehemaligen DDR Kameraleute, Regisseure und Beleuchter bei der Vorbereitung der Filmproduktion nicht über Licht und Beleuchtung unterhalten haben.

Im Wesentlichen beruhen Mehnerts Regeln auf folgender Überlegung:

---

7   Hilmar Mehnert: »Das Bild in Film und Fernsehen«, Leipzig 1986
8   Hilmar Mehnert, ebenda, S. 358.

Lichtlogik und Lichtkonzeption

>»Um zielstrebig und schnell eine Ausleuchtung aufzubauen, die weder der Logik noch der Ästhetik[9] widerspricht, bedient man sich einfacher, aus logischen Überlegungen entstandener Gesetze.
>1. In der Natur ist die Hauptlichtquelle die Sonne. Es gibt daher auch nur einen definierten Schatten. Unbewusst setzt man auch bei Innenbeleuchtungen eine überwiegende Lichtquelle voraus. Folglich darf es auch nur einen, im Bild sichtbaren Schatten geben.
>2. Jede Szene soll so ausgeleuchtet werden, dass sie wie durch die im Bilde vorhandene (oder dem Betrachter bekannte) natürliche Lichtquelle beleuchtet zu sein scheint. Um diese (logische) Ausleuchtung zu treffen, hat man sich von der natürlichen Lichtquelle leiten zu lassen.«

Mehnert hat noch einige weitere Regeln aufgestellt, die seine Ansichten vertiefen und die Ausleuchtung präzisieren. Allein nach diesen beiden Regeln wäre aber die Ausleuchtung der oben beschriebenen Anfangsszene des Films CROSSFIRE nicht möglich gewesen, weil sie den »Gesetzen der Logik« widerspricht. Normalerweise sind Lichtquellen im Raum nicht so angebracht, dass sie große Schatten an die Wände werfen. Es ist durchaus denkbar, Filme nach streng logischen Gesichtspunkten auszuleuchten, nur glaube ich, dass diese Filme dann alle eine sehr starke Ähnlichkeit hätten.

Allerdings sind logische Überlegungen bei der Arbeit mit Licht insofern sinnvoll, als sie helfen, handwerkliche Fehler, beispielsweise störende Mehrfachschatten, zu vermeiden.

Wichtiger aber als die Lichtlogik ist die Lichtkonzeption. Folgt man ausschließlich der Logik, so erfährt man sehr bald eine starre Einengung, es kommt zum Konflikt zwischen Lichtstimmung und Lichtlogik. In dem Musicalfilm MARY POPPINS[10] wird ein Mann abends zu einer Konferenz in eine Bank bestellt. Seine beiden Kinder haben ein paar Stunden vorher einen Run auf diese Bank ausgelöst. Der Vater ist in leitender Stellung in dieser Bank beschäftigt. Er weiß, dass er seine Stellung verlieren wird. Geknickt betritt er den riesigen, sehr dunklen Konferenzraum. Nur der weit entfernte Tisch mit den greisen Direktoren ist von oben mit einem einzigen Scheinwerfer beleuchtet. Betrübt empfängt er seinen Hinauswurf, dann erinnert er sich an einen Witz, den ihm seine Kinder erzählt haben. Damals verstand er die Pointe nicht, nun aber muss er unbändig lachen. Er lacht auch über die Demütigungen seiner Vorgesetzten, bis er schließlich völlig aufgelöst vor Heiterkeit den Saal verlässt.

Filmisch ist diese Szene so aufgebaut, dass ständig zwischen dem Vater und den Direktoren hin- und hergeschnitten wird. Während dieser ganzen Szene ist

---

9   Der Begriff Ästhetik ist leider nicht näher definiert.
10   MARY POPPINS von Robert Stevenson erhielt 1964 fünf Oscars in den Kategorien Hauptdarstellerin, Musik, Schnitt, Song und Spezialeffekte. Die Kamera führte Edward Coleman, er erhielt eine Oscar-Nominierung.

III. Lichtlogik und Lichtkonzeption

von Einstellung zu Einstellung das Licht geändert worden. Im letzten Bild ist der Saal hell und freundlich und hat nichts Unheimliches und Bedrohendes mehr. Die wirkungsvollen Lichtänderungen gehen so geschickt mit der Handlung und dem Filmschnitt einher, dass sie nur in der bewussten Analyse zu registrieren sind, aber selbst dann wirkt das Fehlen der Logik nicht störend.

Die Lichtgestaltung dieser Szene ist kein Einzelfall. Achten Sie bei Ihren nächsten Kinobesuchen mal darauf, ob und wie Lichter und Schatten von Einstellung zu Einstellung sichtbar[11] variieren. Das Licht wechselt, weil sich die Stimmung weiterentwickelt. Ein weiteres Beispiel ist der Film LICHT IM WINTER von dem schwedischen Regisseur Ingmar Bergman und dem schwedischen Kameramann Sven Nykvist. Die Geschichte spielt in einer Kirche in Nordschweden von 11 Uhr vormittags bis 2 Uhr nachmittags an einem wolkigen Sonntag im Winter. Nykvist hielt die Aufgabe zuerst für sehr einfach. Er ging davon aus, dass er mit einer einzigen Lichtstimmung auskäme. Beide, Kameramann und Regisseur, studierten dann tagelang das Licht in der Kirche zu dieser Tageszeit und fertigten alle fünf Minuten Fotos an. Jedes Foto hatte eine andere Lichtstimmung. Nykvist klebte sie ins Script und nutzte sie als Vorlage. Das Ergebnis war, dass das Licht in diesem Film von Einstellung zu Einstellung wechselt. Nykvist hat natürlich nicht das tatsächlich bei den Dreharbeiten vorhandene Licht benutzt, sondern es so gestaltet, wie Bergman und er es für die jeweils beabsichtigte Wirkung wollten. Nykvist sagte später, dass dies für ihn die schwierigste Lichtgestaltung gewesen sei. Die formale Bildgestaltung, beispielsweise die räumliche Anordnung der Personen in einem Raum, kann, verbunden mit der Kameraperspektive, die Beziehungen der Personen untereinander aufzeigen. Das Licht kann, wie schon erwähnt, die inneren Zustände der Figuren sichtbar machen. Inwieweit man diese Möglichkeit einsetzt, bleibt allerdings jedem selbst überlassen. Auch die Frage nach der Logik muss jeder für sich selbst entscheiden. Besteht die Lichtlogik lediglich darin, dass jede Lichtquelle auf eine Position gestellt wird, die diese auch in der Realität hätte, und dass der Schatten nach rechts fällt, wenn die Lampe links steht? Oder liegt die Logik nicht vielmehr darin, dass das Licht sich logisch zur Geschichte und zum Inhalt verhält?

Auf diese Fragen gibt es keine verbindliche Antwort, sondern nur Überlegungen. Arbeitet man mit Regeln, mit welchen auch immer, so taucht die Standardfrage auf, die nicht nur das Filmlicht betrifft, sondern auch alle anderen künstlerischen Bereiche: Wann ist ein Regelbruch ein Fehler, und wann ist er eine Innovation?

---

11   Im Gegensatz zu den sichtbaren Änderungen muss das Licht oft von Einstellung zu Einstellung korrigiert und verändert werden, damit der Bildeindruck gleichbleibt und die szenische Kontinuität zwischen Totale und Großaufnahme gewahrt ist.

IV. Der fotografische Stil

Aus dem Bereich des Schwarzweißfotos haben drei Stilbezeichnungen in die Filmlichtgestaltung Eingang gefunden:

- Normalstil
- High-Key
- Low-Key

Der *Normalstil* entspricht den tagtäglichen Sehgewohnheiten. Die Verteilung von Hell und Dunkel ist ausgewogen. Der Zuschauer empfindet die Szenerie als natürlich und nicht dramaturgisch beeinflusst.

Beim *High-Key* prägt Helligkeit den Bildeindruck. Vielzitiertes Extrembeispiel: hellhäutiges, blondes Mädchen, schattenfrei ausgeleuchtet, weiß bekleidet vor weißer Wand.

Beim *Low-Key* überwiegen in der Bildkomposition die Schatten und die unbeleuchteten Bildteile.

Die Begriffe bezeichnen das ungefähre quantitative Verhältnis von hellen und dunklen Bildpartien, wobei sie das obere Ende (High-Key), den mittleren Bereich (Normalstil) und das untere Ende (Low-Key) einer Skala mit unendlich vielen Zwischentönen markieren. Generelle emotionale oder inhaltliche Aussagen lassen sich nicht daran festmachen. Eine inhaltliche Verbindung kommt möglicherweise daher, dass in der Praxis High-Key-Aufnahmen mehr für positive Stimmungen eingesetzt werden und Low-Key-Abbildungen eher für bedrohliche Situationen: Die Liebesszene spielt im sonnendurchfluteten Boudoir, und im dunklen Keller lauert das ›Verderben‹.

Aber ein Operationssaal wirkt nicht freundlich und nicht positiv, nur weil das Licht im High-Key gestaltet ist. Auch eine gemütliche Kneipe kann wie eine ›dunkle Räuberhöhle‹ ausgeleuchtet sein, ohne die Gemütlichkeit einzubüßen. Licht wirkt im Verband mit den anderen Stilmitteln des Films: mit schauspielerischer Darstellung, Bewegung, Schnitt, Einstellungsgrößen, Bildgestaltung, Dialog, Originalgeräuschen, Musik und so weiter. Das Licht gibt der Szene die nötige Glaubwürdigkeit.

Die Begriffe High-Key, Low-Key und Normalstil taugen eigentlich nur dazu, zwischen den Filmschaffenden eine gemeinsame sprachliche Ebene zu finden. Die Vorbesprechung zwischen Kameramann, Oberbeleuchter und Regisseur ist einfacher, wenn man diese drei Begriffe als grobe Richtschnur nimmt. Damit eine inhaltliche Aussage zu verbinden, ist aber nicht möglich.

Ganz besonders im Videobereich sind die Kontrastmöglichkeiten sehr beschränkt und damit High-Key- und Low-Key-Aufnahmen nur schwer möglich.

IV. Der fotografische Stil

Alle Bilder sind aus mehr oder weniger hellen und dunklen Flächen aufgebaut, man spricht von den so genannten *Leuchtdichte-Unterschieden*. Die Erkennbarkeit der Details in den verschiedenen Helligkeitszonen variiert. In sehr hellen und sehr dunklen Bildpartien sind wenig oder gar keine Strukturen erkennbar. Im Film- bzw. Video-Jargon spricht man nicht von Details, sondern von *Zeichnung*. Der Detailverlust in dunklen Flächen wird als Absaufen tituliert. Überstrahlen ist der Ausdruck für zu helle, detaillose Flächen. Eine helle Fläche kann so unter Umständen als unbeabsichtigte Lichtquelle erscheinen. Der Zuschauer bewertet all diese Detailverluste unterschiedlich. Dunkle zeichnungslose Bildpartien werden normalerweise als nicht störend empfunden, helle zeichnungslose Flächen dagegen schon eher. Der Himmel ist so ziemlich die einzige Bildstelle, die der Betrachter ohne Zeichnung akzeptiert.

Gerade im Hinblick auf die Phänomene *Absaufen* beziehungsweise *Überstrahlen* zeigt sich der Unterschied zwischen Film (Kinoprojektion) und Video beziehungsweise Fernsehen besonders deutlich. Der 35-mm- und 16-mm-Film besitzt einen viel größeren Kontrastumfang. Die Detailverluste treten nicht so schnell auf wie bei Video. Auch der eigentliche Effekt des Überstrahlens (*das elektronische Ausfransen* zu heller Bildteile) findet nicht so ausgeprägt statt. Der Beleuchtungsstil sollte den technischen Möglichkeiten des jeweiligen Aufnahmemediums angepasst sein. Experimentalfilme nutzen sehr oft den gesamten Kontrastumfang voll aus, ja überschreiten ihn sogar und versuchen damit, bestimmte Inhalte zu vermitteln. Inwieweit das gelingt, muss man im Einzelfall analysieren. Jeder Kameramann hat selbstverständlich zum Thema Lichtlogik und Lichtstil seine eigenen Ansichten. Diese Fragen waren daher ein zentraler Punkt der Interviews in diesem Band.

Anregung

Vergleichen Sie die Lichtgestaltung deutscher Fernsehserien sowohl im Vorabendprogramm als auch im Abendprogramm mit Filmen, die fürs Kino gedreht wurden.

- Versuchen Sie, Unterschiede zu erkennen und zu beschreiben.
- Nehmen Sie eine Einteilung in ›Stil‹ und ›Stimmung‹ vor.
- Achten Sie besonders auf die Gesichter der Darsteller. Liegen Schatten auf den Gesichtern? Wenn ja, welche und wo?
- Bewegen sich die Schauspieler durch Schatten, oder ist alles gleichmäßig hell?

V. Die Scheinwerfer

Zur Lichtgestaltung eines Filmbildes sind wahrscheinlich schon alle natürlichen und künstlichen Lichtquellen benutzt worden: vom Glühwürmchen bis zum Atomblitz. Die Frage ist jeweils nur, ob die betreffende Lichtquelle einfach nur selbst leuchten oder zugleich etwas anderes beleuchten soll. Alles, was Licht abgibt, lässt sich zumindest als Leuchtkörper verwenden. Es kommt auf die Aussage und den Inhalt der Szene an. Denken Sie daran, welche Furore Stanley Kubrick mit den Kerzenlichtaufnahmen in seinem Film BARRY LYNDON gemacht hat. Über diese Szene habe ich mich auch mit Gernot Roll unterhalten (siehe Seite 174f.).

1. Bauform

Einige dieser Scheinwerfer werden auch für Bühnen- und Dekobeleuchtungen eingesetzt, daher kann der ein oder andere Typ hier in dieser Aufzählung unter ›Film-Gesichtspunkten‹ etwas deplatziert vorkommen.

Der Lichtstrahl wird bei allen Scheinwerfern durch Linsen und/oder Hohlspiegel geformt.

- Flächenleuchte
- Stufenlinsenscheinwerfer
- PAR
- Verfolgerspot
- Weichstrahler
- Asymmetrischer Fluter
- Doppelleistungsscheinwerfer
- Doppelfunktionsscheinwerfer

a) Flächenleuchte

Die Flächenleuchte hat ihren Namen daher, dass das Ausleuchtungsergebnis eher flächig als punktförmig ist. Dieser Lampentyp ist auch unter der Bezeichnung *Fluter* bekannt. Der Aufbau des Scheinwerfers ähnelt dem eines einfachen Autoscheinwerfers; der Reflektor ist ebenfalls ein Paraboloid.[12]

---

12 Gekrümmte Fläche ohne Mittelpunkt.

V. Die Scheinwerfer

Das Lichtfeld ist nicht so exakt steuerbar wie beim Stufenlinsenscheinwerfer, die Lichtränder laufen viel weicher aus, und außerdem ist die Lichtleistung höher. Ebenso wie der Stufenlinsenscheinwerfer ist auch die Flächenleuchte fokussierbar. Das heißt, über einen Drehknopf lässt sich der Abstand zwischen Lampe und Spiegel vergrößern oder verkleinern, so dass sich die beleuchtete Fläche verkleinert beziehungsweise vergrößert. Die Positionen der Verstellung werden ebenfalls als *weich* und *hart* bezeichnet. Zum Abschatten des Lichtes werden wie beim Stufenlinsenscheinwerfer Torblenden benutzt.

Beleuchter und Kameraleute reden verkürzt von ›Flächen‹ und ›Stufen‹, es sind die verbreitetsten Scheinwerfer. Sie werden bei Außenaufnahmen, in Studios und an Originalschauplätzen[13] eingesetzt. Ob ein Scheinwerfer gut verarbeitet ist, zeigt sich darin, wie gleichmäßig eine Fläche in den Positionen *weich* und *hart* ausgeleuchtet ist. Je ausgewogener, umso besser. Die mechanische Zuverlässigkeit der Scheinwerfer ist ebenso wesentlich. Filmleuchten verfügen über kein Gebläse, die entstehende Hitze wird über das Gehäuse abgeführt. Durch die Wärmeausdehnung kann sich bei häufigem Gebrauch die Mechanik zum Verstellen der Lampe oder des Spiegels verklemmen. Bei kleineren, -leichten, so genannten Reportagefluter ist das öfter der Fall. Diese Lampen sind für den mobilen Einsatz konzipiert, beispielsweise – wie der Name sagt – zum Einsatz bei Reportagen und Interviews. Weiter ist auch wichtig, wie schnell und einfach sich Tore, Filter und defekte Brenner auswechseln lassen.

Reportagefluter. © Achim Dunker

---

13 Siehe Seite 85ff.

1. Bauform

Ein Beispiel für eine nicht fokussierbare Flächenleuchte mit 90° Abstrahlwinkel.
© Foto: Arri

b) Stufenlinsenscheinwerfer

Der Stufenlinsenscheinwerfer hat seinen Namen von seinem Aussehen: In der Lichtaustrittsöffnung befindet sich eine Linse, deren Oberfläche stufenförmig aufgebaut ist. Diese so genannte *Fresnel-Linse* – benannt nach dem französischen Physiker Augustin Jean Fresnel – ist die besondere Bauform einer Konvexlinse. Die gewölbte Oberfläche ist quasi in Teilringe zerlegt und neu zusammengesetzt worden, um die Linse so dünn wie möglich zu halten. Eine herkömmliche konvexe Linse wäre bei einem Durchmesser von 30 cm und mehr zu dick und zu schwer. Auch wäre das Problem der Ausdehnung der Linse durch die Wärme nicht einfach zu lösen. Das Glas würde wahrscheinlich springen. Die Rückseite der Stufenlinse besitzt eine facettenartige Struktur, weil ansonsten der glühende Wolframdraht als schattige Struktur auf das Motiv projiziert würde. Das Lichtfeld ist rund und läuft am Rand weich aus. Der Abstand zwischen Brenner (der Glühlampe) und Reflektor ist unveränderlich. Der Lichtaustrittswinkel und somit der Durchmesser der beleuchteten Fläche lassen sich verändern, indem der Abstand zwischen der Linse und der Einheit von Lampe und Reflektor verkleinert beziehungsweise vergrößert wird. Dieser Vorgang wird auch als *Fokussieren* bezeichnet. Die Endpositionen der Verstellung heißen *weich* (engl.) *flood*) für das größtmögliche Lichtfeld und *hart* (engl. *spot*) für das kleinste Lichtfeld.[14] Auch ermöglicht die Bündelung des Lichts durch die Stufenlinse, den Scheinwerfer weiter vom Motiv wegzustellen beziehungsweise wegzuhängen. Man gewinnt somit mehr

---
14 Nähere Erklärung der Begriffe siehe Seite 45f.

V. Die Scheinwerfer

Stufenlinse. ©Achim Dunker

Bewegungsfreiheit für die Kamera und die Schauspieler. Zum Abschatten des Lichts werden Torblenden benutzt, die direkt am Gerät angebracht sind. Diese Torblenden erzeugen einen weichen Schattenverlauf.

5 kW Stufenlinsenscheinwerfer.
© Foto: Arri

c) PAR

Der Name Par leitet sich von der amerikanischen Bezeichnung *parabolic aluminized reflector* ab. Es gab mal eine Zeit, da wurden diese Lampen komplett aus Stahl gefertigt. Somit war die Umstellung auf gewichtsparendes Aluminium ein verkaufsförderndes Produktmerkmal, das sich auch im Namen wiederfinden musste. PAR-Lampen sind mit einem Parabolreflektor ausgestattet, der mehr oder weniger paralleles Licht abgibt. Es gibt zwei Arten von PARs, einmal reine Bühnen- und Effektscheinwerfer-PARs, die beispielsweise, mit farbigen Filtern versehen, bei Shows eingesetzt werden. Von der Form her erinnern sie an eine ›Dose‹. Es gibt sie in verschiedenen Baugrößen und Leistungen. Auch sind Ausführungen auf dem Markt in die an Stelle des konventionellen Leuchtmittels farbige LEDs eingebaut sind.

1. Bauform

Daneben gibt es Tageslicht- PARs von 200 bis 12.000 Watt je nach Hersteller für den Einsatz beim Film. Die Größe des Licht- Austrittswinkels wird hier über unterschiedliche, austauschbare Vorsatzlinsen gesteuert. Bei ARRI gibt es diese Varianten:

Ausleuchtungs-Winkel	Bezeichnung	Struktur der Linse	Farbcode der Fassung
9°/10°	Spot	Glatt	Blau
Ellipse 10° × 20°	Narrow Flood	kleine Vierecke	Schwarz
Ellipse 20° × 45°	Flood	große Rechtecke	Grün
50°/58°	Super Flood	Sechsecke	Rot
38°/39°	Stufe	Stufenlinse frost	Silber

Der Brenner lässt sich zur Justage geringfügig verstellen.

Ein PAR unterscheidet sich im Gegensatz zu einer Stufe durch den zusätzlichen Linsenkoffer und das umständliche Auswechseln der Frontlinsen. Eine Stufe ist universeller einsetzbar und verfügt über einen stufenlosen Fokussierbereich. Wo liegen nun die Punkte, die für den PAR- Scheinwerfer sprechen? Der Brenner sitzt exakter im Focus eines größeren Reflektors, und somit ist die Lichtausbeute bezogen auf die elektrische Anschlussleistung am höchsten von allen Scheinwerfertypen. Hier in Deutschland mag das nicht so eine Rolle spielen, allerdings in den USA, wo die Spannung nur 120 Volt beträgt, ist das ein wichtiger Faktor. Um die gleiche Leistung zu erzeugen, ist bei halber Spannung (im Vergleich zu unseren 230 Volt) der doppelte Strom nötig. Das bedeutet dickere Kabel, stärke Sicherungen und leistungsstärkere Generatoren. Daher werden dort Lampen benötigt, die einen maximalen Wirkungsgrad haben und über Leistungsreserven verfügen.

12 kW Par. © Foto: Arri

V. Die Scheinwerfer

d) Verfolgerspot

Die Bezeichnung *Verfolgerspot* ist auf den Einsatz der Geräte zurückzuführen. Jedem dürfte das Bild des Entertainers bekannt sein, der auf einer abgedunkelten Bühne in einem kreisrunden Lichtfleck steht, der ihm auf Schritt und Tritt folgt. Der Verfolgerspot funktioniert wie ein Diaprojektor. Der Spiegel ist ein Ellipsoid, davor steht die Lampe. Die Rolle des Dias übernimmt eine im Durchmesser verstellbare Kreisblende. Über ein Linsensystem wird diese Kreisblende als runder Lichtfleck wie ein Dia scharf abgebildet. Anstelle des Kreises können auch andere Formen und Muster projiziert werden, daher wird dieses Gerät auch unter dem Namen *Profilscheinwerfer* geführt. Das Nachführen des Scheinwerfers, also das Verfolgen des Darstellers, geschieht von Hand. Damit der Scheinwerfer sich leicht schwenken lässt, ist er im Schwerpunkt leichtgängig gelagert.

Verfolgerspot. © Achim Dunker

e) Weichstrahler

Weichstrahler werden verwendet, wenn man eine möglichst große Lichtaustrittsfläche benötigt. Das Licht wird über ein einfaches Reflexionssystem gleichmäßig verteilt. Dieser Scheinwerfer ist nicht fokussierbar. Aufgrund der großen Lichtaustrittsfläche lässt sich mit einem Weichstrahler ein Porträt fast schattenfrei ausleuchten.

1. Bauform

Weichstrahler. © Achim Dunker   2,5 kW Weichstrahler. © Foto: Arri

f) Asymmetrischer Fluter

Durch den Einsatz eines asymmetrischen Reflektors ist es möglich, den Fluter ober- oder unterhalb des Objekts in geringem Abstand anzubringen und trotzdem eine gleichmäßige Ausleuchtung zu erzielen. Oft werden diese Scheinwerfer auch als Horizontfluter bezeichnet. Sie werden beispielsweise eingesetzt, wenn der Studiohintergrund, der *Horizont*, ausgeleuchtet werden soll. Oft besteht dieser Horizont aus einem glatt gespannten, farbigen Gewebe. Manche Studios sind auch mit *Operafolie* ausgestattet. Die Folie ist milchig-transparent und leuchtet, wenn sie mit farbigem Licht angestrahlt wird, dezent im entsprechenden Farbton. Stattet man die einzelnen Kammern der Horizontfluter mit verschiedenfarbigen Filtern aus, kann man durch wahlweises Umschalten der Brenner die Farbe des Hintergrundes wechseln.

Horizontfluter. © Achim Dunker

V. Die Scheinwerfer

Vier Kammerhorizontfluter mit asymmetrischem Reflektor. © Foto: Arri

Horizontfluter[15] werden beispielsweise bei *Blue-Box-Aufnahmen*[16] eingesetzt, um den Hintergrund möglichst gleichmäßig auszuleuchten. BlueBox ist ein Trickverfahren, mit dem bestimmte Bildteile ausgetauscht werden können.

Ein Beispiel: Ein Moderator macht vor einer Gebirgslandschaft eine Ansage. Während dieser Moderation verwandelt sich das Gebirge in ein Strandpanorama – mittlerweile ein ›uralter‹ Trick. Technisch ist das so gelöst, dass der Moderator vor einer blauen Wand[17] steht, daher auch der Name *Blue-Box*. Die blauen Bildanteile werden auf elektronischem Wege mit dem gewünschten Bildhintergrund ausgetauscht. Dieser Vorgang muss selbstverständlich auch von der Ausstattung und vom Maskenbildner berücksichtigt werden. Hätte der Moderator nun eine blaue Krawatte um oder blaue Streifen im Hemd, so wäre er an diesen Stellen durchsichtig, das heißt, an diesen Stellen würde ebenfalls der Hintergrund *eingestanzt* werden, wie es in der Fachsprache heißt. Je gleichmäßiger nun diese blaue Wand ausgeleuchtet ist, desto besser funktioniert der Trick.

Die Schwierigkeit einer Blue-Box-Ausleuchtung liegt darin, dass Darsteller und Hintergrund, im Gegensatz zu anderen Ausleuchtungen, getrennt ausgeleuchtet werden müssen. Das Licht der Scheinwerfer für die Person darf nicht auf den Hintergrund fallen, und sie darf auch keine Schatten auf den Hintergrund werfen. Fällt ein Schatten auf den Hintergrund, so ist entweder an dieser Stelle die dunkelblaue Wand zu sehen oder aber, je nach elektronischem Gerät, der Schatten des

---

15 In modernen Studios befindet sich hinter der Operafolie ein Trägersystem mit einer Vielzahl von farbigen Leuchtstoffröhren oder farbigen LEDs. Über Steuergeräte lässt sich so die gewünschte Farbgestaltung in der geforderten Intensität direkt einstellen. Neben der geringen Bautiefe und vielen anderen Vorteilen erscheint mir besonders wichtig zu sein, dass bei LEDs keine Temperatur entsteht.
16 Vgl. Seite 88.
17 Es lässt sich prinzipiell aber auch mit jeder anderen Farbe machen.

1. Bauform

ARRI LED-System. © Jochen Thieser

Darstellers. In diesem Fall wirkt der Hintergrund wie eine Fototapete. Soll der Eindruck einer realen Außenaufnahme entstehen, muss natürlich die Ausleuchtung des Vordergrundes mit der Ausleuchtung des Hintergrundes übereinstimmen.

V. Die Scheinwerfer

Flächenleuchte mit eingesetzter Diffusionsscheibe, in mattschwarzer Theaterausführung. Durch den Wechsel des Brenners lässt sich der Scheinwerfer mit 2,5 kW oder 4 kW betreiben. © Foto: Arri

g) Doppelleistungsscheinwerfer

Der Doppelleistungsscheinwerfer hat eine Zweifaden-Halogenglühlampe mit unterschiedlichen Leistungen, beispielsweise mit 1,25 kW und 2,5 kW. Die Leistungen sind einzeln und zusammen einsetzbar. Dieser Scheinwerfer wurde für den

1. Bauform

Einsatz im Atelier konzipiert und bietet aufgrund der unterschiedlichen Lichtleistungen größere Einsatzmöglichkeiten. Dieser Typ wird nicht mehr hergestellt und ist nur noch vereinzelt in Studios zu finden. Die Idee der doppelten Leistung ist aber auch bei Tageslichtlampen verwirklicht worden. So lässt sich in bestimmten Leuchten sowohl der 2,5-kW- als auch der 4-kW-Brenner einsetzen. Bei manchen Herstellern ist dieser Scheinwerfer auch ›boostbar‹, d. h. für ca. 20 sec kann er die doppelte Leistung abgeben, ohne dass die Lebensdauer geringer wird. So bald die Bildfrequenz höher wird, beispielsweise bei Slow-Motion-Aufnahmen, wenn die Nüsse in die Schokolade fallen, verringert sich die Belichtungszeit und für die gleiche Blende muss dann sehr viel mehr Licht eingesetzt werden.

h) Doppelfunktionsscheinwerfer

Auch diesen Typ gibt es nicht mehr. In einem Doppelfunktionsscheinwerfer waren eine harte und eine weiche Lichtquelle, die wahlweise eingesetzt werden konnte, zusammen untergebracht. Allerdings gibt es eine Flächenleuchte, bei der der normale, asymmetrische Reflektor gegen eine blinde Fläche[18] ausgetauscht werden kann. Da die effektive Lichtaustritts- Fläche hier radikal auf die kleine, wirksame Fläche des Leuchtmittels reduziert wird, entsteht ein überaus harter Ausleuchtungscharakter mit sehr scharfgezeichneten Schatten. Eingesetzt wird diese Kombination beispielsweise wenn in geringem Abstand Schatten auf eine Fläche projiziert werden sollen.

Alle genannten Scheinwerfer lassen sich auf Stativen befestigen oder an der Studiodecke mit speziellen Aufhängungen montieren. Bei der Deckenmontage erfolgt die Bedienung der Scheinwerfer (fokussieren, neigen, schwenken, Tore öffnen oder schließen) von unten aus mit einer Stange oder, in komfortablen Ateliers, elektrisch.

i) Weitere Scheinwerfer

Einige Markennamen für Kunstlichtscheinwerfer haben eine solche Verbreitung gefunden, dass sie wie ein Eigenname von Beleuchtern und Kameraleuten für alle Lampen dieser Leistungsklasse eingesetzt werden, beispielsweise:

- *Dedolight*: ist ein kleiner Scheinwerfer mit einem asphärischen Linsensystem. Das Besondere ist die hohe Präzision des optischen Systems, es besitzt die Qualitäten eines Profilscheinwerfers. Die ausgeleuchtete Fläche zeigt im Vergleich zu dem Ausleuchtungsergebnissen von Wettbewerbsscheinwerfern ein

---

18 Hierfür hat sich das Oxymoron ›schwarzer Reflektor‹ eingebürgert.

V. Die Scheinwerfer

© Dedolight

nahezu homogenes Lichtfeld. Dies auch über den gesamten Einstellbereich von Flood bis Spot. In den Strahlengang können Gobos[19] eingesetzt werden, die einen scharfen Schatten zeichnen. Die konventionelle Kunstlichtvariante wird mit einer 12-V-Halogenlampe betrieben, die sich auch an den Auto-Zigarettenanzünder anschließen lässt.

- *Inky*: ein 200-W-Stufenlinsenscheinwerfer
- *Mizar*: ein 300/500-W-Stufenlinsenscheinwerfer
- *Pinza*: eine 500-W-Klemmleuchte ohne Linse. In die Fassung lässt sich eine handelsübliche Haushaltsglühbirne einschrauben.
- *Janebeam*: eine leichte Flächenleuchte mit 800 bis 1.000 W

j) Die 100.000 Watt Tageslichtlampe

Kein Witz, es gibt sie. Für den Film TERMINAL von Steven Spielberg, (Kamera Janusz Kaminski) wurden von dem amerikanischen Unternehmen Luminys 20 Stück gebaut, die jetzt weltweit im Verleih sind. In München hat die Firma Dedo Weigert eine im Leihpark. Wenn es denn doch weniger sein soll, ist die Leistung bis auf 3 % dimmbar bei konstanter (+ /- 100K) Farbtemperatur von 5.400 K, laut Herstellerangabe. Die Lampe besitzt eine Flood- und eine Spotposition. Es handelt sich hier um eine robuste Gasentladungslampe mit einem relativ geringen Gewicht (ca. 145 kg), die, so sagte mir ein Beleuchter, schon auf einem fahrenden Truck eingesetzt wurde. Die Abmessungen betragen ca. 3 × 0,8 × 0,5 m und das Vorschaltgerät wiegt weitere 200 kg.

---

19   Ein Gobo (**G**raphical **o**ptical **b**lack**o**ut) ist eine Maske aus Glas, um Muster, Texte oder Bilder zu projizieren. Dafür ist allerdings eine spezielle Halterung nötig.

1. Bauform

© Luminys

k) Spezielle Blitzlampen

Für Blitz- und Explosionseffekte werden so genannte ›Lightning Strike‹ eingesetzt. Es gibt sie in 40-kW-, 70-kW-, 250-kW- und 500 kW-Versionen. Die 1-Megawatt-Ausführung ist angekündigt: Comming soon. Da müssen wir uns noch ein bisschen gedulden, bis wir mal zeigen können, wer hier im Stadtviertel das hellste Licht ist.

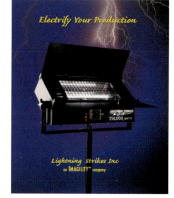

© Luminys

39

V. Die Scheinwerfer

Lampe für Highspeed-Aufnahmen.
© Luminys

l) Lampen für Highspeed-Aufnahmen

Bei Filmgeschwindigkeiten von 1.000 Bildern pro Sekunde und mehr, oder viel mehr und den daraus resultierenden extrem kurzen Belichtungszeiten beispielsweise 1/500.000 Sekunde, ist es nötig, die Aufnahmeobjekte unter extrem viel Licht zu setzen. Ein spezielles LAB Light liefert für beispielsweise acht Sekunden eine Leistung von 30 kW beziehungsweise für 16 Sekunden 15 kW. Nur eine 1/1.000 Sekunde beträgt die minimale Hochlaufzeit. Die Leistung wird über Akkus gepuffert, so dass die Anlage mit einem normalen Schukostecker betrieben werden kann.

Acht Sekunden Highspeed bei tausend Bildern pro Sekunde bedeuten eine maximale spätere Laufzeit von 3'20«. Das Problem bei Highspeed-Aufnahmen ist oft die Synchronisation zwischen dem Ereignis, der zu berücksichtigenden Hochlaufphase des Systems und der begrenzten Aufzeichnungskapazität. Acht Sekunden bedeuten hier allerdings eine »lange« Zeit.

1. Bauform

Leuchtstofflampen liefern ein besonders weiches Licht. © Arri

m) Leuchtstofflampen

Auch Leuchtstofflampen werden zur Ausleuchtung eingesetzt. Oft sind sie als »natürliche« Lichtquelle im Bild sichtbar und liefern so das gewünschte Licht. Zu Lichtwannen und besonderen Bauformen zusammengestellt, liefern sie für Filmausleuchtungen ein besonders weiches und ›schattenfreies‹ Licht. Beispielsweise als ringförmige Lampen, die direkt vor die Kameraoptik gebaut werden. Die Leuchtstofflampen der namhaften Filmleuchtenhersteller erfüllen alle die Spezifikationen für Tageslicht und Kunstlicht. Bei normalen Haushaltsröhren kann es allerdings zu Farbstichen kommen. Die Tabellen der Filterhersteller geben hier Auskunft. Zur Sicherheit macht man vorher Probeaufnahmen. (s. auch Interview mit Jost Vacano, Seite 184)

V. Die Scheinwerfer

© Litepanels

n) LED

Lichtemittierende Dioden (LEDs) setzten sich in allen Bereichen durch. Die Film- und Fernsehbranche ist davon nicht ausgenommen. Die Vorteile sind schnell aufgezählt:
- hohe Lebensdauer,
- robust, geräuschlos,
- sehr geringer Stromverbrauch,
- Tageslicht oder Kunstlicht,
- dimmbar,
- effizientes, weich abstrahlendes und dennoch gerichtetes Licht.

LEDs und Leuchtstofflampen gibt es auch als ringförmige Geräte, die vor der Kameraoptik montiert werden und so eine nahezu schattenfreie Ausleuchtung ermöglichen.

Der geringe Stromverbrauch prädestiniert die LED-Technologie als die ideale Akkuleuchte für den mobilen Einsatz, beispielsweise in Autos und Flugzeugen.
Mit LEDs lassen sich unterschiedliche Bauformen realisieren.

1. Bauform

Spacelight. © Filmgear

o) Spacelight

Beim Spacelight handelt es sich um Brenner, die mit einem sackähnlichen Gewebe verhangen sind. Sie werden über dem Set aufgehängt und tauchen den gesamten Drehort in ein sehr weiches Licht. Zur Montage ist eine Trägerkonstruktion nötig.

V. Die Scheinwerfer

© balloon-light

p) Ballon-Licht

Bei diesem Lichtsystem befindet sich das Leuchtmittel in einem mit Helium gefüllten Ballon. Die Elektronik ist vom Boden aus über ein Kabel mit dem Brenner in der Hülle verbunden. Es gibt diese Ballone in Größen von 1,60 m bis zu Zigarren von 7 Metern. Ein 5-Meter-Ballon kann 16 kW Tageslicht oder 32 kW Kunstlicht aufnehmen. Der Ballon schwebt an Seilen gesichert hoch über dem Set und taucht alles in ein weiches Licht. Das System ist sowohl draußen als auch in Räumen einsetzbar. Der Vorteil ist, dass die Höhe frei bestimmbar ist und keine schweren Stative, Traversen oder Steiger nötig sind. Dies ist oft der entscheidende Vorteil bei empfindlichen Originalschauplätzen.

q) Dimmbare Scheinwerfer

Alle Kunstlichtscheinwerfer lassen sich über Lichtstellanlagen dimmen, das heißt, die Lichtleistung wird durch Reduzierung der Betriebsspannung verringert. Allerdings sinkt dadurch auch die Betriebstemperatur, und der Wolfram-Kreisprozess kann beeinträchtigt werden, so dass der Glaskolben doch von innen schwarz wird. Auch ändert sich die Farbtemperatur: Das Licht wird rötlicher. Tageslichtscheinwerfer sind bis zu ca. 30 Prozent dimmbar, inwieweit sich dabei die Lichtfarbe ändert, ist den Herstellerangaben zu entnehmen. Ceramische Scheinwerfer sind zurzeit nicht dimmbar (Aussage Frühjahr 2008). Große Scheinwerfer können auch über mechanische Schiebeblenden reguliert werden.

r) Flickerfreie Scheinwerfer

Bis Mitte der Achtzigerjahre kam es bei Zeitlupenaufnahmen mit einer Bildfrequenz von wesentlich mehr als den üblichen 25 Bildern pro Sekunde (also etwa 50 Bilder und mehr) zu bildweisen Unterbelichtungen beim Einsatz von Tageslichtlampen aufgrund der Netzfrequenz von 50 Hz: dem so genannten Flickern; die Lichtleistung schwankte im Rhythmus der Netzfrequenz. Heute sind flickerfreie Lampen auf dem Markt.

s) Kohlebogenscheinwerfer

Diese Geräte werden auch als *Brut* bezeichnet und sind seit Jahrzehnten vollständig von modernen Tageslichtlampen verdrängt worden.

2. Strahlungsqualität: weiches und hartes Licht

Die einzelnen Scheinwerfertypen unterscheiden sich außer in ihrer Bauform, Lichtart und Leistung, vor allem in ihrer Strahlungsqualität und der Form der Schattenränder. Ist der Übergang von Licht zu Schatten wie mit einem Lineal beziehungsweise Zirkel gezogen, wie zum Beispiel bei der Lichtfläche eines Verfolgerspots, so spricht man von einem *reinen* oder *scharfen Schatten*. Ist der Übergang eher fließend, so unterscheidet man den Halb- und den Kernschatten. Der *Halbschatten* ist der Bereich des Übergangs von hell zu dunkel. Der *Kernschatten* ist die anschließende, gleichmäßig dunkle Fläche. Der Halbschatten ist umso kleiner, je punktförmiger die Lichtquelle ist, je weiter sie sich vom Objekt entfernt befindet und je näher das Objekt vor dem Hintergrund steht.

V. Die Scheinwerfer

Ein Stufenlinsenscheinwerfer kann einen relativ scharfen Schatten zeichnen. Licht und Schatten lassen sich mit den Torflächen exakter begrenzen als bei einer Flächenleuchte.

Die Strahlungsqualität der verschiedenen Scheinwerfertypen reicht von *diffus* (Weichstrahler) bis *gerichtet* (Verfolgerspot). *Diffuses* Licht ist *weiches*, und *gerichtetes* ist *hartes* Licht. Stufenlinsenscheinwerfer und Flächenleuchten decken den Bereich zwischen diesen Extremen ab. Flächenleuchten liefern ein weicheres Licht als Stufenlinsenscheinwerfer. Die Strahlungsqualität lässt sich durch Diffusionsmaterialien[20] weiter beeinflussen. Bei Flächenleuchten und Stufenlinsenscheinwerfern ändert sich durch die Fokussierung nicht nur der Lichtaustrittswinkel, sondern auch die Strahlungsqualität. Daher auch die deutschen Bezeichnungen *hart* für einen kleinen Winkel und *weich* für einen großen Lichtaustrittswinkel. Die englischen Bezeichnungen *spot* und *flood* kommen dagegen vom Winkel her. Hartes Licht bewirkt neben der scharfen Schattenlinie, dass die Eigenheiten der Oberfläche bei dem beleuchteten Objekt deutlicher hervortreten; es modelliert von sich aus die Strukturen heraus. Durch einen seitlichen Auftreffwinkel lässt sich dieser Effekt verstärken. Weiches Licht dagegen bewirkt das Gegenteil. Es *schmiert zu*, wie die Beleuchter und Kameraleute sagen. Die menschliche Haut ist dafür ein anschauliches Beispiel. Bei einem weichen Licht verschwinden die Hautunreinheiten und Fältchen, die bei hartem Licht überdeutlich sichtbar sind. Der Nachteil von weichem Licht ist, das es sich nur schwer auf einen bestimmten Bereich begrenzen lässt. Als unkontrollierbares Streulicht hellt es oft die Schatten zu stark auf, so dass die Stimmung und die Plastizität verloren gehen.

3. Lichtart: Kunstlicht und Tageslicht

Die Farben *Kunstlicht* und *Tageslicht* sind über die Farbtemperatur festgelegt. Flächenleuchten und Stufenlinsenscheinwerfer sind in diesen beiden Lichtfarben erhältlich. PARs nur in Tageslicht und die anderen Scheinwerfertypen nur in der Kunstlicht- Variante.

Die Farbtemperatur wird über eine hohle und innen schwarze Kugel bestimmt. Diese Kugel wird erhitzt und beginnt, mit steigender Erwärmung immer intensiver zu glühen. Die durch eine kleine Öffnung im Inneren zu beobachtende Lichtfarbe wird durch die in Kelvin[21] (K) gemessene Temperatur bestimmt, also ausgehend vom absoluten Nullpunkt bei ungefähr minus 273 °C (Celsius), was 0 K ent-

---

20   Siehe Seite 63ff.
21   Das Kelvin geht auf William Thomson, dem späteren Lord Kelvin zurück, der mit 24 Jahren die thermodynamische Temperaturskala einführte.

3. Lichtart: Kunstlicht und Tageslicht

spricht. Bei niedrigen Temperaturen gibt die schwarze Kugel natürlich überhaupt kein Licht ab; eine Farbtemperatur von 5.000 K zum Beispiel bedeutet hingegen, dass das Licht eine Farbe hat, die die schwarze Kugel bei einer Temperatur von 5.000 K abstrahlte.

Kunstlicht hat eine Farbtemperatur von 3.200 K (Kelvin), und Tageslicht hat 5.600 K. Kunstlicht wirkt rötlicher und Tageslicht bläulicher. Kunstlicht, auch Glühlicht genannt, wird mit *Halogenlampen* erzeugt. Der Name kommt von dem Wolfram-Halogen-Kreislauf im Innern der Lampe: Der Glühfaden erreicht im Betrieb eine so hohe Temperatur, dass Wolframteilchen verdampfen. Diese würden sofort an der kälteren Kolbenwand kondensieren und das Glas schwärzen. Im Wolfram-Halogen-Kreislauf gehen nun die Wolframatome mit den Halogenen Jod und Brom Verbindungen ein, die eine wesentlich niedrigere Kondensationstemperatur haben. Diese Verbindungen schlagen sich daher nicht an der Kolbenwand nieder, sondern werden in Nähe des Wolframdrahtes bei den dort herrschenden Temperaturen wieder aufgespalten. Das Wolfram schlägt sich an dem Glühdraht nieder, und die Halogene stehen erneut für den Kreislauf zur Verfügung. Halogenlampen können direkt am Netz betrieben werden.

Die Kunstlichtlampen sollten eingeschaltet möglichst vorsichtig bewegt werden, da die Stabilität des Wolframdrahtes dann geringer ist. Erschütterungen können die Glühwendel zerstören.

Tageslichtlampen, auch *HMI-Lampen*[22] genannt, sind Metalldampf- Entladungslampen. Das Licht wird durch einen Lichtbogen zwischen zwei Wolframelektroden, der ein spezielles Füllgas zum Leuchten anregt, erzeugt. Da für den Lichtbogen Hochspannung erforderlich ist, wird eine Tageslichtlampe über ein Vorschaltgerät betrieben. Bei den Lampen einiger Hersteller ist dieses Gerät schon platzsparend in den Scheinwerfer integriert. Nach dem Anschalten dauert es etwa zwei Minuten, bis die volle Lichtleistung erreicht wird. Die Lichtausbeute bei Tageslichtleuchten ist sehr viel besser als bei Kunstlichtlampen gleicher Anschlussleistung. Das hat allerdings auch seinen Preis. Die Kosten für Anschaffung und Ersatzbrenner sind sehr viel höher. Bei Leihscheinwerfern müssen, im Gegensatz zu Kunstlichtscheinwerfern, neben dem Tagesmietpreis manchmal auch die Brennstunden bezahlt werden. Die bis zu vier mal höhere Lichtleistung bezogen auf die Wattzahl der Lampe, im Vergleich zu einem konventionellen Halogen-Leuchtmittel, hat dazu geführt, dass auch Metalldampflampen mit einem Kunstlicht-Spektrum angeboten werden. Diese Lampen laufen unter der Bezeichung

---

22 HMI ist eigentlich eine Herstellerbezeichnung von Osram, die sich aber für alle Tageslichtlampen eingebürgert hat. H steht für Quecksilber (lat. Hydrargyrum), M für mittlere Bogenlänge und I für die Beimischung des Halogenids Jod. Das Wettbewerbsprodukt von Philips heißt MSR.

V. Die Scheinwerfer

Ein Ceramic Brenner und ein Tageslichtbrenner im direkten Vergleich.
© Dedolight

›Ceramic‹, da der Leuchtenkörper nicht aus Glas ist, sondern aus Keramik. Nur durch einen einfachen Brennerwechsel lässt sich beispielsweise ein ›Sundance‹-Scheinwerfer von Dedolight, oder ein ›Studio Ceramic‹ von Arri von Tages- auf Kunstlicht konvertieren ohne Einbußen bei der Lichtausbeute. Die matte Keramik des Leuchtmittels beeinflusst auch die Strahlungsqualität, das Licht ist weicher als das eines Tageslicht-Leuchtmittels.
Beim Auswechseln der Brenner, egal bei welchem Typ, sollte man darauf achten, die Glaskolben nicht mit den Fingern zu berühren. Bei den hohen Temperaturen brennen die Fingerabdrücke auf dem Glas ein. Dies kann zu thermischen Spannungen führen, die den Glaskolben zerstören. Ist es doch passiert, so kann man die Abdrücke vorsichtig mit Alkohol entfernen.[23]

---

23 Die Einsatzunterschiede und -möglichkeiten von Kunstlicht und Tageslicht sind im Kapitel X, Seite 81 ff., beschrieben.

4. Leistung

Nur 5% der elektrischen Leistung werden bei Halogen-Lampen in Licht umgesetzt, der Rest ist Wärme. Bei Ceramic- und Tageslichtscheinwerfern ist das Verhältnis besser, ca. 30% Licht und 70 % Wärme. Da in den Studios die Wärme über Klimaanlagen abgeführt werden muss, ist es sinnvoll, die in der Anschaffung teureren Metalldampflampen zu verwenden. Über die geringeren Energiekosten beim Betrieb des Studios wird sich die Investition amortisieren. Die Lebensdauer eines Halogenbrenners liegt bei ca. 1.000 Stunden. Die eines HMIs bei 500 bis 1.000 Stunden und die eines Ceramikbrenners bei 5.000 Stunden.

Scheinwerfer werden in folgenden Leistungsstufen angeboten:

Halogen-Kunstlichtscheinwerfer:
  20 W, 50 W,100 W, 250 W, 300 W, 500 W, 800 W, 1 kW, 2 kW, 5 kW, 10 kW, 20 kW, 24 kW
Ceramic-Kunstlichtscheinwerfer:
  250 W, die 500-W-Variante ist in der Entwicklung (Frühjahr 2008)
Tageslichtscheinwerfer:
  575 W, 1,2 kW, 2,5 kW, 4 kW, 6 kW, 8 kW, 12 kW, 18 kW

5. Auswahlkriterien

Filmlichtgestaltung ist neben allen anderen Punkten eine finanzielle Frage. Wie viel Geld ist in der Kalkulation für die Miete von Scheinwerfern, das Engagieren von Beleuchtern oder auch für die Zeit zum Einleuchten vorgesehen? Bei großen und aufwendigen Filmen können die Kameraleute frei wählen, welche Ausrüstung sie zum Ausleuchten benötigen, bei Low-Budget-Filmen muss man sich oft stark einschränken. Vom technischen Gesichtspunkt her ist zu sagen, dass lichtleistungsstärkere Scheinwerfer günstiger sind als schwächere. Denn die Lichtstärke nimmt ab im Quadrat zur Entfernung, das heißt, dass Licht, das auf eine 1 m entfernte Fläche von 1 m² fällt, in einer Entfernung von 2 m auf eine Fläche von 4 m² scheint. Bei der Verdopplung der Entfernung entspricht die Lichtstärke, die auf 1 m² trifft, nur noch einem Viertel der ursprünglichen Stärke. Für die Arbeit mit Filmscheinwerfern bedeutet dies, dass, nähert sich ein Schauspieler dem Hauptlicht von 3 m auf 1,5 m, die auf sein Gesicht auftreffende Lichtmenge viermal größer ist. Das hat zur Folge, dass das Bild zu hell wird. Nimmt man einen stärkeren Scheinwerfer und stellt diesen 10 m weit weg, so ändert sich die Lichtmenge bei einer Entfernungsänderung von 1,5 m nur noch geringfügig. Neben dieser phy-

V. Die Scheinwerfer

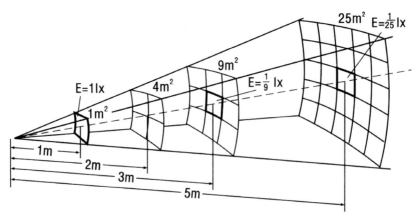

© Achim Dunker

sikalisch- mathematischen Grundlage bieten leistungsstarke Scheinwerfer größere Reserven. Wenn die natürlichen Lichtverhältnisse ungünstiger werden, ist es schneller und günstiger, die Blende am Objektiv etwas zu öffnen als noch weitere schwache Lampen aufzustellen.

Anregung

Informieren Sie sich bei einem Lampenverleih über die vorhandenen Scheinwerfer und probieren Sie die Geräte dort aus. Sagen Sie dem Verleiher: Nur was Sie kennen, können Sie auch anmieten. Fühlen Sie sich völlig frei im Gespräch mit den Fachleuten und fragen Sie nach, für welche Projekte und Aufgaben das Material eingesetzt wurde und was sie für Ihre Aufgabe Ihnen empfehlen können. Informationsmaterial gibt es bei den Herstellern, auf Fachmessen wie beispielsweise der jährlichen IBC im September in Amsterdam oder im Internet unter www.chinesische-sonne.de

VI. Lichtsetzen in der Praxis

SAFETY LAST heißt ein Film von Harold Lloyd, mit dem der amerikanische Komiker großen Erfolg hatte. Dieses Motto gilt aber keinesfalls hinter der Kamera und am Set; hier heißt es: *Safety first*. Es gibt einige grundsätzliche Vorsichtsmaßnahmen:

- Lampen gegen Umstürzen sichern! Sandsäcke in die Stativbeine einbringen, damit der Schwerpunkt möglichst weit nach unten kommt. Mit Ketten oder Seilen die Lampen in der Höhe an geeigneten Trägern oder Säulen festbinden.
- Kabel so verlegen, dass Stolpern und Umreißen von Lampen vermieden wird. Beispielsweise mit gelb-schwarzem Klebeband auf den Fußboden festkleben, mit Gummimatten abdecken oder in besondere, stolpersichere Kabelkanäle verlegen!
- Lampentore gegen Herunterfallen sichern!
- Schutzglas in die Lampen einsetzen! Die Brenner können platzen und herumfliegende Glassplitter Verletzungen verursachen. Auch entsteht beim Betrieb der HMI- und Ceramic-Brenner die kurzwellige und gefährliche UV-C-Strahlung, die beispielsweise beim Sonnenlicht durch die noch vorhandene Ozonschicht der Atmosphäre herausgefiltert wird. Auch sind die Gasentladungs- Lampen mit besonderen Filtern versehen, die diesen Strahlungsanteil unschädlich machen. Ohne entsprechende Filter dürfen die Brenner nicht betrieben werden.

1. Funktionen der Lichtquellen

Eine filmische Ausleuchtung ist immer das Ergebnis einer oder mehrerer gleicher oder unterschiedlicher Lichtquellen. Man teilt den Lichtquellen bestimmte Funktionen innerhalb der Ausleuchtung zu und gelangt so zu einer *Systematik*: Hauptlicht, Aufhellung, Spitze und Hintergrund[24].

Die Erläuterungen in diesem Kapitel beschränken sich auf das Lichtsetzen für Aufnahmen in Innenräumen, bei dem Lichtquellen unbedingt und bewusst verwendet werden müssen. Wir beginnen gewissermaßen mit dem Schwierigeren. Kapitel XII (Seite 95ff.) wird sich mit der *Lichtgestaltung bei Außenaufnahmen* auseinandersetzen.

---

24 Besonders in der amerikanischen Literatur hat sich der Begriff »Drei-Punkt-Ausleuchtung« eingebürgert, obwohl es vier Punkte sind.

VI. Lichtsetzen in der Praxis

a) Hauptlicht

Das Haupt- oder Führungslicht bestimmt entscheidend das Bild beziehungsweise die Szene. Dieser grundsätzliche Eindruck ergibt sich aus dem Drehbuch, also aus der Geschichte, aus Tageszeit und Handlungsort. Umgekehrt kann die Platzierung einer Szene an einen bestimmten Ort und zu einer bestimmten Zeit natürlich auch lichtgestalterische Absicht sein. Wichtig ist, dass man sich darüber im Klaren ist, was man möchte, und sich etwas Passendes ausdenkt.

Da der Betrachter den Lichtcharakter des Hauptlichts als die Szenen prägend erkennen soll, wird hier die lichtstärkste Lichtquelle (bezogen auf die jeweils verwendeten Lichtquellen) eingesetzt. Die Höhe der Wattzahl hängt von der Stimmung selbst, von der Größe des Objekts oder der Dekoration und letztendlich von den Parametern des Aufnahmemediums ab. Bei Innenaufnahmen in einer Küche kann dies ein starker Scheinwerfer sein mit zum Beispiel 2 kW Glühlicht oder 1,2 kW Tageslicht, wenn die Szene an einem sonnigen Nachmittag spielt. Diese Idee eines sonnigen Nachmittags legt das Führungslicht, neben den Punkten Lichtquelle und Stärke, auch in Bezug auf Richtung (schräg von oben wie eine Sonneneinstrahlung) und Strahlungsqualität (in diesem Fall das harte, gerichtete Licht eines Stufenlinsenscheinwerfers) fest. Man baut bis zu einem gewissen Grad die natürliche Lichtsituation nach. Die Festlegung des Führungslichts ist der erste und der entscheidende Schritt. Man kann hier von logischen Überlegungen ausgehen. Nehmen wir eine Küche, in der tagsüber das Fenster die beherrschende Lichtquelle ist und somit das Hauptlicht. Nun wäre es in der Regel verwirrend, die Einstellung so auszuleuchten, dass der Darsteller einen Schatten auf die Gardine des Küchenfensters wirft. Die Lampe müsste so aufgestellt werden, als käme das direkte Sonnenlicht vom Fenster.

Die Logik ist hilfreich, aber kein Allheilmittel und hat auch ihre Grenzen. Erweitern wir dieses Küchenmotiv und machen eine Szene daraus (siehe Grafik auf Seite 53). Die Küche hat ein Fenster und eine Tür zur Terrasse. Tür und Fenster liegen im Winkel von 90° zueinander. Durch das Fenster scheint die untergehende Sonne, die Terrasse liegt im Schatten. In einer totalen Einstellung sieht man, wie die Darstellerin ein Telegramm aufnimmt, zur Tür geht und von dem Papier hoch auf die Terrasse blickt. In diesem Fall ist der Schatten auf der Gardine logisch, und er würde sicherlich auch nicht stören. Die nächste Einstellung ist eine Großaufnahme der Darstellerin, sie ist tief bewegt von der Nachricht, die im Telegramm steht. Auch in dieser Einstellung ist der Schatten zu erkennen und ein Element der Bildkomposition. Beim späteren Filmschnitt verzichtet der Regisseur dann auf die Totale und beginnt die Szene mit der vom Schattenwurf jetzt unlogischen Großaufnahme, weil vielleicht der Ausdruck der Schauspielerin so stark ist. Eventuell zeigt er das gesamte Motiv erst in einer späteren Totale. Vielleicht

1. Funktionen der Lichtquellen

© Achim Dunker

ist aber das Gesicht der Schauspielerin gerade deshalb so ausdrucksvoll, weil der Schatten unlogisch ist? Wie dem auch sei, dieser Schatten wirkt wahrscheinlich erst dann störend, wenn die Darstellerin nicht überzeugend spielt. Man muss als Filmemacher selbst ein Gespür dafür entwickeln, was man dem Zuschauer zutrauen kann.

Das Hauptlicht oder Führungslicht legt die dramaturgische Aussage fest. Alle anderen Lichtfunktionen sind im Grunde nur noch eine Ergänzung oder Abrundung des Hauptlichts, respektive der Bildgestaltung. Zur Verdeutlichung: Das Hauptlicht oder Führungslicht ist nicht, wie oft behauptet, durch seine Position zur Kamera definiert, sondern ausschließlich durch die prägende Funktion innerhalb der Szenenausleuchtung. Die Position des Hauptlichts zur Kamera und zum Objekt sowie seine Farbe, Qualität und Stärke bestimmen die dramaturgische Aussage. Betrachten wir zum Beispiel eine Porträtausleuchtung. Wird die Person von vorne auf der Kameraachse mit einem völlig diffusen Licht (Weichstrahler) beleuchtet, so erscheint ihre Gesichtshaut glatt. Die Fältchen und Hautunreinheiten verschwinden oder werden geringer, die Person sieht jünger aus. Insgesamt geht aber auch die Plastizität des Gesichts verloren, es wirkt flach. Bei einem gerichteten Führungslicht (Stufenlinsenscheinwerfer) von der Seite wirkt das Gesicht sehr viel räumlicher und markanter. Alle Hautstrukturen treten sichtbar hervor; die Person wirkt älter. Ist das Hauptlicht genau hinter der Person (Gegenlicht), so erscheint sie als Silhouette. Kommt das Hauptlicht direkt von oben, so werden

VI. Lichtsetzen in der Praxis

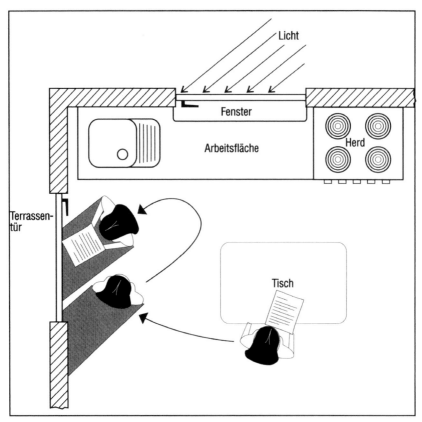

© Achim Dunker

die Augen zu dunklen Höhlen. Die Person bekommt etwas Brutales und Undurchsichtiges, ein ›Pokerface‹. Dunkle Augenhöhlen können jemanden auch krank aussehen lassen. Bei einer Beleuchtung von unten wirkt das Gesicht unheimlich und Angst einflößend, wie in einem Horrorfilm.

b) Aufhellung

Dies ist der zweite Schritt beim Arrangieren einer Ausleuchtung. Die vom Hauptlicht verursachten Schatten werden aufgehellt beziehungsweise aufgefüllt (man sagt auch *Fülllicht*). Die Stärke der Aufhellung richtet sich nach der dramaturgischen Absicht der Szene und den Kontrastmöglichkeiten der Aufnahmetechnik. Dies kann mit einem Stufenlinsenscheinwerfer, einer Flächenleuchte oder einem

Weichstrahler geschehen. Grundsätzlich ist aber die Aufhellung in ihrer Stärke dem Hauptlicht untergeordnet. Es wäre ein Fehler, die Aufhellung so weit zu treiben, dass die Schatten des Hauptlichts verschwinden. Zudem ist es fast unmöglich, einen Schatten mit einer weiteren Lampe wegzuleuchten, ohne einen zusätzlichen Schatten zu erzeugen, der der Richtung des Hauptlichts widerspricht. Auch geht die dramaturgische Aussage verloren, denn Licht und ganz besonders Schatten bestimmen maßgeblich den optischen Eindruck einer Szene.

c) Spitzlicht

Das Spitzlicht verfolgt den Zweck, die Person oder das Objekt vom Hintergrund optisch besser zu trennen, um dem Bild mehr Tiefe zu geben. Bei einem Porträt scheint das Spitzlicht von hinten auf den Kopf, es entsteht ein leichter Lichtsaum auf den Haaren, die so genannte *Spitze*. Bei Objekten spricht man auch von einer *Lichtkante*, verkürzt *Kante*. Eine Sonderform des Spitzlichts ist die *Gloriole*. Der Lichtsaum der Haare ist so dominant, dass ein Heiligenschein entsteht. Eingesetzt werden hier hart fokussierte Stufenlinsenscheinwerfer.

d) Raumlicht

Die Begriffe *Raumlicht*, *Hintergrundlicht* und *Grundlicht* haben im Prinzip die gleiche Bedeutung. Oft müssen der Hintergrund und andere Teile der Dekoration ausgeleuchtet werden, um die in der Szene vorhandenen Kontraste einander anzugleichen.[25] Bei dem natürlichen Sonnenlichteinfall durchs Fenster ist es ja für das Auge so, dass nicht nur das sichtbar ist, was direkt vom Sonnenlicht getroffen wird, sondern auch das, was im Schatten liegt. Diese Partien werden von dem von den Wänden zurückgeworfenen Licht (*Streulicht* oder *Reflexionslicht*) beleuchtet. Bei dem ›nachgebauten‹ Sonnenlicht reicht das Reflexionslicht oft nicht aus, die Schatten wären zu dunkel, das Bild sähe wie eine Nachtaufnahme aus. Aus diesem Grunde bringt man ein gewisses Grundlicht oder Raumlicht in die Szene ein. Hier könnten wieder Weichstrahler benutzt werden. Dieses Licht ist eine undifferenzierte, ungerichtete Form der oben beschriebenen *Aufhellung*. Auf die Küchenszene angewendet kann das heißen: Man sieht das Gesicht der Darstellerin in einer Großeinstellung, und im Hintergrund erkennt man noch Teile der Küche, unter anderem noch die Tür. Das Gesicht wird seitlich von der ›Sonne‹ beleuchtet, die andere Gesichtshälfte liegt im Schatten, der von einem Weichstrahler aufgehellt wird. Die Frage ist nun: Wie hell soll der Hintergrund sein, der ja nur vom Reflexionslicht getroffen wird? Durch die Tür wird jemand im Verlauf dieser Einstellung das Zimmer betreten. Soll es hell sein, damit man sieht, wer

---

25 Siehe Seite 128.

VI. Lichtsetzen in der Praxis

© Achim Dunker

hineinkommt? Oder soll man nicht erkennen können, wer hineinkommt, um die Spannung zu erhöhen? Auf diese Frage gibt unter Umständen nicht einmal das Drehbuch Antwort, sondern das bereits am Anfang erwähnte Lichtkonzept, das nach dem Drehbuch erstellt worden ist.

Der Werdegang einer Ausleuchtung:
Ich habe hier bewusst als Modell eine ältere Dame gewählt, um zu zeigen, wie schwierig es ist, bei weißen Haaren eine Spitze zu setzen. Aber trotz der vorhandenen »Leuchtkraft« ist eine Spitze ein Gewinn. Das Hauptlicht war hier eine Flächenleuchte und die Aufhellung ein Reflexschirm. Spitze und Hintergrund waren eng fokussierte Dedos. Allerdings habe ich an die Wände und die Decke des Aufnahmeraums aufgeschnittene, schwarze Müllsäcke[26] gepinnt, um das allgemeine Reflektionslicht so gering wie möglich zu halten. Ohne diesen Trick ist es fast unmöglich, in einem 20m² Raum mit hellen Wänden vier separate und klar begrenzte Lichtquellen zu platzieren.

---

26 Das war das preiswerteste und am leichtesten zu verarbeitende Material. Zwar glänzt die Folie etwas, aber der Reflektionsgrad ist sehr gering.

1. Funktionen der Lichtquellen

Oben links – Hauptlicht allein. © Achim Dunker
Oben rechts – Hauptlicht und Aufhellung.
Unten links – Hauptlicht, Aufhellung und Spitzlicht.
Unten rechts – Hauptlicht, Aufhellung, Spitzlicht und Hintergrund.
Die Ausleuchtung ist komplett

Die vier aufgeführten Lichtfunktionen sind – in den verschiedensten Varianten – Bestandteil jeder Ausleuchtung. Ganz gleich, ob es sich dabei um eine Porträtaufnahme oder um eine aufwendige Studioausleuchtung mit Hunderten von Scheinwerfern handelt.

In der Fachliteratur und bei der täglichen Arbeit werden Sie noch auf andere Bezeichnungen als die hier verwendeten stoßen. Zum Beispiel auf solche, die sich aus dem *Standort der Lampe* zu Personen, Objekt oder Dekoration ableiten:
- *Vorderlicht*: von vorne auf der Kameraachse
- *Oberlicht*, *Downlight*: steil, bzw. senkrecht von oben

57

VI. Lichtsetzen in der Praxis

- *Gegenlicht*: hinter dem Objekt in Richtung Kamera, wobei kein direktes Licht in die Optik fällt. Es ist nur ein silhouettenhafter Lichtsaum sichtbar.
- *Seitenlicht*: Die Person wird von der Seite her beleuchtet.
- *Streiflicht*: ein hartes Licht, das im Winkel von 90° zur Kamera scheint, von der Seite, von oben oder unten, um die Oberflächenstruktur herauszumodulieren
- *Unterlicht*: eine Ausleuchtung von unten
- *Hinterlicht*: eine Ausleuchtung wie ein Spitzlicht, um die Trennung von Vorder- und Hintergrund zu erhöhen
- *Kicker*: ähnlich einer Spitze, aber nicht von oben, sondern von unten

Auch existieren Bezeichnungen nach dem *Gegenstand der Beleuchtung*:
- *Kleiderlicht*: Ein zusätzlicher Scheinwerfer wird beispielsweise auf das Cape der Darstellerin gerichtet, weil der Stoff einen zu geringen Reflexionsgrad hat und ohne diesen das Kleid zu dunkel wirkt.
- *Dekorationslicht*: entspricht dem Raum- oder Hintergrundlicht.
- *Augenlicht*: Das Augenlicht ist eigentlich eine Art der Spiegelung[27]. Eine kleine Lampe (100 W) spiegelt sich in den Pupillen. Diese kleinen Lichtpunkte und deren Lage innerhalb der Pupillen sind sehr wichtig, sie bestimmen wesentlich den Ausdruck. Bei Fernsehshows, bei denen das Licht einmal eingerichtet ist und nicht mehr für die unterschiedlichen Einstellungen umgeleuchtet wird, ist das Augenlicht auf den Kameras montiert. Für die Großaufnahme bei einer Ansage schaltet der Kameramann diese Lampe an. Sie leuchtet dem Aufgenommenen direkt in die Augen und spiegelt sich auf der Hornhaut. Malen Sie in einer Illustrierten oder bei einem Anzeigen-Porträt das Augenlicht mit einem schwarzen Filzschreiber weg. Sie werden sehen, das Gesicht hat etwas an Ausdruck verloren. Oft haben diese Aufnahmen auch mehrere Lichtpunkte in den Pupillen, lassen Sie jeweils nur einen übrig, und das Porträt wird ausdrucksvoller.

2. Porträtausleuchtung

Übung

Üben Sie sich in einer Porträtausleuchtung. Besorgen Sie sich leihweise vier 800-W-Kunstlichtlampen, entweder bei Bekannten oder von einem Filmlichtverleih. Den gibt es in fast jeder größeren Stadt. Des Weiteren brauchen Sie ein geduldiges Modell, einen Stuhl für selbiges, nach Möglichkeit einen mittelgrauen Hinter-

---

27   Siehe Seite 107ff.

2. Porträtausleuchtung

grund und einen Fotoapparat mit Stativ oder eine Videokamera, ebenfalls mit Stativ. Arbeiten Sie eher mit einem leichten Teleobjektiv (bei einer Kleinbildkamera sind das 80 mm Brennweite) als mit der Normaloptik oder gar mit Weitwinkel, Ihr Modell wird es Ihnen danken. Ein Weitwinkel verzerrt das Gesicht zu stark, die Nase wird zu groß und der Abstand zu den Ohren zu lang.

Installieren Sie die Lampen in ungefähr 2-2,20 m Höhe.[28] Beginnen Sie mit dem Hauptlicht. Wandern Sie mit der Lampe von der Kameraachse bis 90° nach links oder rechts. Wo wandert der Nasenschatten hin? Wie teilt er die Wange? Preisfrage: Welches ist die Schokoladenseite Ihres Modells? Entscheiden Sie sich für eine Seite. Lassen Sie sich durch den Schatten auf dem Hintergrund nicht stören. Setzen Sie Ihr Modell einfach 1-2 m von der Wand weg, und der Schatten fällt auf den Boden. Dieser lapidare Satz beinhaltet eine der großen Erkenntnisse für den Anfänger. Handwerkliches Können bedeutet nicht nur, störende Schatten nicht entstehen zu lassen, sondern auch, störende Schatten nicht zu zeigen. Schatten sind dann störend, wenn sie so dominant wie in dieser Situation auftreten und dazu noch ohne dramaturgische Bedeutung. Sollte dies eine Situation sein, in der gezeigt wird, wie beispielsweise ein Fahndungsfoto entsteht, so wäre der Schatten vielleicht akzeptabel, aber für eine normale Porträtausleuchtung ist er nicht zu gebrauchen.

Wenn 2 m Abstand nicht reichen, so fahren Sie das Stativ weiter aus, so dass die Lampe höher ist, auch das lässt den Schatten nach unten verschwinden. Dies ist auch einer der Gründe, warum im Atelier möglichst alles Licht von oben eingebracht wird: Die störenden Mehrfachschatten fallen auf den Atelierboden und sind nicht mehr zu sehen.[29] Sichtbar können sie aber dann werden, wenn ein Schauspieler in der ausgeleuchteten Dekoration zu einer Wand oder Tür geht, worauf sich Mehrfachschatten befinden. Achten Sie mal darauf. Je heller der Gesamteindruck des Raumes ist, umso häufiger geschieht das. Die Frage für den Kameramann und den Regisseur ist hier: Wie störend sind diese Schatten? Muss man umleuchten (zeitaufwendig und somit teuer), oder kann man damit ›leben‹? ›Verspielt‹ sich das, wie man in solchen Situationen oft sagt? Ausleuchtungsprobleme lassen sich auch am Schneidetisch beziehungsweise durch Einstellungsgrößen lösen. In diesem Fall könnte man es so machen, dass man in der totalen Einstellung sieht, wie der Darsteller aufsteht und in Richtung Tür geht. Dann folgt eine Großaufnahme, in der man sieht, wie seine Hand die Türklinke herunterdrückt.

---

28 Zur Position der Scheinwerfer bei einer Porträtausleuchtung siehe Grafik auf Seite 56.
29 Ein weiterer Grund ist natürlich die größere Bewegungsfreiheit für die Kamera. Kein Stativ verhindert den Schwenk oder die Kamerafahrt.

VI. Lichtsetzen in der Praxis

Zurück zur Porträtausleuchtung:

- Beobachten Sie das Gesicht Ihres Modells. Wie ist das Ausleuchtungsergebnis?
- Wie wirkt das Gesicht, wenn es flach ausgeleuchtet ist (das Hauptlicht kommt aus der Richtung der Kameraachse). Ist es jugendlicher?
- Wie ist es, wenn es plastisch ausgeleuchtet ist (das Licht kommt von der Seite)? Älter, markanter?
- Fahren Sie das Lampenstativ langsam weiter aus oder stellen Sie die Lampe Schritt für Schritt näher an Ihr Modell, so dass das Licht immer steiler von oben kommt, wie bei der hochstehenden Mittagssonne. Wann betont es die Wangenknochen wie bei Marlene Dietrich? Wann werden die Augen zu dunklen Höhlen? Wie deuten Sie den Charakter bei dieser Ausleuchtung? Sieht das Gesicht und damit die Person undurchsichtig und brutal aus oder eher krank?
- Setzen Sie das Licht von unten und beobachten Sie wieder Ihr Modell. Sieht es unheimlich und Angst einflößend aus?
- Probieren Sie mehrere dieser Hauptlichtvarianten mit einer Lampe aus, und interpretieren Sie das Ergebnis.

Der nächste Schritt ist die Aufhellung. Der Schatten des Hauptlichtes ist wahrscheinlich zu dunkel. Hellen Sie ihn mit einer weiteren Lampe so auf, dass kein neuer Schatten entsteht. Wenn die Lampe zu stark ist, vergrößern Sie einfach den Abstand zu Ihrem Modell.

Als Drittes kommt das Spitzlicht, kurz die Spitze genannt, hinzu. Das Spitzlicht steht gegenüber dem Hauptlicht, also hinter dem Modell, und leuchtet von oben auf die Haare. Die Spitze trennt Ihr Modell optisch vom Hintergrund und erzeugt einen schönen Schimmer auf den Haaren. Versuchen Sie, nur die Haare zu treffen und nicht die Schulter. Auch darf das Licht nicht in die Kameraoptik fallen. Sie können das Licht mit den Lampentoren abschatten oder *abkaschen*, wie die Beleuchter sagen.

Zum Schluss kommt das Hintergrundlicht. Es kann der Wirkung nach zum Hauptlicht passen, muss aber nicht. Das Beispiel der Küchenszene hat gezeigt, dass da ein großer Spielraum ist. Da das Modell vor einem mittelgrauen Hintergrund sitzt, kann man vielleicht aber auch darauf verzichten. Probieren Sie es mit und ohne Hintergrundausleuchtung. Um die Wirkung der einzelnen Lampen besser beurteilen zu können, ist es günstig, jeweils die anderen Lampen auszuschalten. Wenn die Ausleuchtung perfekt ist, machen Sie ein Foto oder eine Videoaufzeichnung. Fertigen Sie ruhig mehrere verschiedene Ausleuchtungen an. Ändern Sie auch die Fokussierungen der Lampen, kombinieren Sie beispielsweise ein hartes Hauptlicht mit einer weichen Aufhellung. Werten Sie die unterschiedlichen Ausleuchtungen aus. Kommt ihre Absicht rüber?

Wie intensiv Sie die drei, dem Hauptlicht untergeordneten Lichtfunktionen, Aufhellung, Spitze und Hintergrundlicht, einsetzen, bleibt einzig und allein Ihnen selbst überlassen, es gibt hierzu keine verbindlichen Regeln. Bei einer dämonischen Ausleuchtung (das Hauptlicht kommt von unten) wird man vielleicht auf die Aufhellung, die Spitze und das Hintergrundlicht verzichten oder nur ein Spitzlicht einbringen. Das Hauptlicht kann auch andere Lichtfunktionen mit übernehmen, zum Beispiel bei einer Gloriole[30]. Es steht dabei hinter dem Modell in Höhe des Kopfes und ist gleichzeitig das Spitzlicht. Von vorne aus der Kameraachse kommt lediglich die Aufhellung. Wie stark die Gloriole wird, hängt von dem Verhältnis der Lichtquellen untereinander ab. Wie gesagt, man besitzt die gestalterische Freiheit. Es geht hier nur darum, die inhaltliche Absicht zu übermitteln, und um die Frage, ob es beim Zuschauer ankommt. Es ist ein ständiges Probieren und Bemühen.

Anregung

Betrachten Sie die Moderatorinnen und Moderatoren im Fernsehen einmal bewusst unter dem Aspekt der Beleuchtung. Versuchen Sie herauszubekommen, wo im Studio die Lampen stehen.

3. Ausleuchtung einer Diskussionsrunde

Die Ausleuchtung einer Diskussionsrunde ist im Prinzip die Vervielfältigung der bisherigen Porträtausleuchtung. Für jeden Teilnehmer werden ein Hauptlicht, eine Aufhellung und ein Spitzlicht eingesetzt. Wenn sich die Teilnehmer nicht gegenseitig verdecken, kann ein Scheinwerfer auch für mehrere Leute das Hauptlicht beziehungsweise die Aufhellung sein. Bei dieser Beleuchtungsaufgabe wird der Kontrast zwischen Hauptlicht und Aufhellung gering sein, auch kommt es nicht so sehr auf dramaturgische Absichten an. Weichstrahler, die unter der Studiodecke hängen, werden hier gerne eingesetzt.

4. Beleuchtungsschere

Im Dokumentarfilm, in der aktuellen Berichterstattung und im Industriefilm wird häufiger ein kurzes Interview oder Statement aufgenommen. Es geht wiederum

---

30 Auch die Beleuchtungsschere (Seite 62) und die Porträtausleuchtung (Seite 56) mit einer Lampe sind Beispiele hierfür.

VI. Lichtsetzen in der Praxis

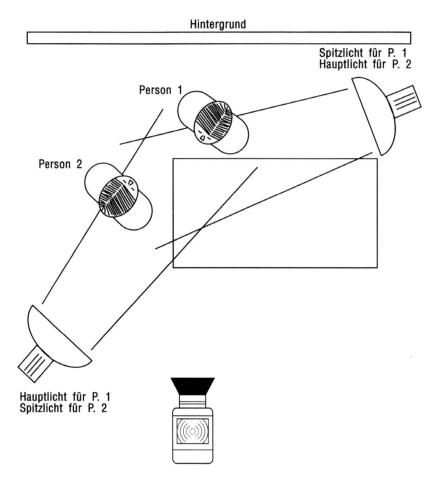

© Achim Dunker

nicht um dramaturgische Absichten in der Lichtgestaltung, sondern nur darum, dass derjenige, der das Statement abgibt, gut ›ausgeleuchtet‹ ist.

Die skizzierte *Beleuchtungsschere* (s. Grafik oben) ist ein Beleuchtungsschema, mit dem sich schnell und einfach ein kurzes Interview von etwa 30 sec Sendedauer, beispielsweise für eine Nachrichtensendung, ausleuchten lässt. Der Interviewer ist nur im *Anschnitt* zu sehen, das heißt, man sieht nur einen Teil des Hinterkopfes und der Schulter. Der Name *Beleuchtungsschere* rührt von der scherenförmigen Anordnung der Lampen her.

VII. Hilfsmittel

Sonnen- und Scheinwerferlicht lassen sich mit einer ganzen Reihe von Hilfsmitteln beeinflussen und gestalten.

1. Diffusionsmaterialien (Diffusoren)

Diffusoren erinnern im weitesten Sinne, je nach Beschaffenheit, an Pergamentpapier oder Gardinen. Ihre Aufgabe ist es, eine punktförmige, harte, gerichtete Lichtquelle ganz oder teilweise in eine flächige, diffuse, weiche Lichtquelle zu verwandeln. So kann man das Licht eines Stufenlinsenscheinwerfers in das Licht eines Weichstrahlers verwandeln. Es gibt unterschiedliche Qualitäten, die alle nicht brennbar sind, zum Beispiel ein faseriges Material, das unter den Bezeichnungen *Tüll, Gaze* oder *Spinnglas* läuft. Manche Beleuchter nennen es ganz salopp ›Fußlappen‹. Ein anderes Material ist die *Frostfolie*, ein matter, durchscheinender Kunststoff. Des Weiteren sind noch Gewebematerialien im Handel, die an Fallschirmseide erinnern. All diese Diffusoren gibt es in verschiedenen Stärken, ¼, ½ oder 1/1, (der Anteil an direktem Licht wird immer geringer), je nach gewünschtem Diffusionsgrad. Natürlich kommt so auch weniger Licht an, das heißt, man muss die Objektivblende weiter öffnen. Die optischen Wirkungen der einzelnen Materialien sind unterschiedlich. Im Prinzip ist es eine Frage des persönlichen Geschmacks, ob man lieber mit Tüll, Frostfolien oder einem anderen Material arbeitet, man muss es einfach ausprobieren.

Für die praktische Anwendung bieten sich eine Vielzahl von Möglichkeiten an. Man kann das Material in quadratische Stücke schneiden und mit Holzwäscheklammern an den Torflügeln der Lampe befestigen. Kunststoffklammern schmelzen aufgrund der Wärme. Will man die Lichtfläche noch weiter vergrößern, nagelt man das Material auf einen Rahmen, der dann in beliebigem Abstand vor die Lampe gestellt werden kann. Es braucht nicht das gesamte Lichtfeld mit Diffusionsmaterialien abgedeckt werden. Je nach Bild und Aufgabe ist es denkbar, nur die Hälfte der Lampe mit einem Tüll abzudecken. Dadurch erhält ein Teil der Szene diffuses und der andere direktes Licht. Auch lassen sich in die auf den Rahmen gespannte Folie Löcher und Schlitze schneiden, so dass man zu einer reizvollen Kombination von hartem und weichem Licht kommt. Man kann damit ein Porträt so beleuchten, dass lediglich die Augen direktes Licht bekommen, der Rest des Gesichtes aber mit weichem Licht beleuchtet wird. Andersherum geht es natürlich auch, wenn man zum Beispiel bei einer Objektaufnahme nur auf

VII. Hilfsmittel

© Dedolight

einem ganz bestimmten Teil des Gegenstandes weiches Licht haben möchte. Das Material wird dann auf kleine, dünne Drahtrahmen oder Drahtkreise von zum Beispiel 10 cm oder 20 cm Durchmesser gespannt. Dadurch besteht die Möglichkeit, partiell zu *soften*, wie es in der Fachsprache heißt. Der Anwendung sind hier keine Grenzen gesetzt. Jeder Kameramann hat hier seine eigenen Vorlieben und persönlichen Tricks.

Diffusoren werden auch bei Sonnenlicht eingesetzt. Steht die Sonne zum Beispiel zu hoch, bringt man über den Köpfen der Schauspieler so genannte *Butterflies* oder *Flieger* an. Dadurch wird verhindert, dass die Augen zu dunklen Höhlen werden. Diese Flieger sind aus einem Gewebe, das an Fallschirmseide erinnert.

Für viele Scheinwerfer gibt es als Zubehör *Softboxes*. Damit wird die wirksame Lichtfläche um etliches vergrößert, und das Licht erhält einen sehr weichen Charakter. Verschiedene Hersteller bieten dieses Zubehör an, meistens bestehen sie aus Gewebe und lassen sich platzsparend zusammenlegen. Der Nachteil des weichen Lichts ist oft, dass es auch Bereiche aufhellt, die eigentlich kein Licht erhalten sollten. Mit einem Wabengitter lässt sich das einigermaßen verhindern.

2. Aufhellmaterialien

Soll das Licht noch weicher sein und die Ausleuchtung fast schattenfrei, so wird das Licht indirekt gesetzt. Je größer die Lichtfläche, umso schattenfreier ist die Ausleuchtung. Das Licht fällt erst auf eine Fläche und strahlt dann von dort aus auf das Objekt oder die Szene. Im einfachsten Fall nimmt man die weiße Zimmerwand oder die weiße Decke. Bewährt haben sich auch Styroporplatten, die normalerweise in der Baubranche eingesetzt werden. Außerdem sind im Handel eine Vielzahl von Folien und Flächen mit unterschiedlichen Effekten speziell für diesen Zweck erhältlich. Von all diesen Materialien gibt es bei den Herstellern Musterheftchen.

© California Sunbounce

VII. Hilfsmittel

Man kann sich allerdings auch selbst helfen, indem man eine Styroporplatte von 1 m² Fläche einseitig mit einer Haushaltsaluminiumfolie beklebt. Vorher sollte man die Folie etwas zerdrücken und wieder glattstreichen, damit sie nicht wie ein Spiegel wirkt. Mit der weißen Seite erzielen Sie ein sehr weiches Licht. Allerdings müssen Sie nahe an das Objekt herangehen. Die Aluminiumseite wirkt etwas gerichteter, ist aber auch auf Distanz einsetzbar. Dieses ›Gerät‹ läuft unter der Bezeichnung *Silberblende*. Oft braucht man für dieses indirekte Licht keine eigenen Scheinwerfer, sondern man kann einen Teil des Haupt- oder Sonnenlichts damit umlenken und zur Aufhellung der Schatten nutzen.

Der Fachhandel bietet eine Auswahl von hervorragenden Reflektoren an, in verschiedenen Größen, Farben und Materialen.

Dem Vorteil, dass sich die Reflektoren selbst entfalten, steht der Nachteil der Instabilität gegenüber. © California Sunbounce

Bei Außenaufnahmen sind stabile Reflektoren besser. © California Sunbounce

3. Materialien zum Abschatten

Ein Aufnahmeobjekt, beispielsweise ein Automotor oder eine andere Maschine, setzt sich aus unterschiedlichen Flächen, Farben und/oder Materialien mit verschiedenen Reflexionsgraden zusammen. Beim Ausleuchten kann es nun geschehen, dass einige Teile aufgrund ihres besseren Reflexionsvermögens zu hell sind. Es entsteht der Effekt des Überstrahlens. Diese Teile müssen abgeschattet werden. Hierfür setzt man schwarze Abdeckfahnen ein. Im Englischen heißen sie Flag. Sie werden auf einem Stativ befestigt und so in den Lichtstrahl gestellt, dass der Schatten auf die gewünschte Stelle fällt. Mit einer Abdeckfahne lässt sich auch verhindern, dass bei einer Gegenlichtaufnahme direktes Licht in die Kameraoptik fällt. Es gibt diese Fahnen in verschiedenen Größen. Man kann sie aber auch leicht aus schwarzem Molton selbst herstellen. Ein weiteres Schattenmaterial ist eine stärkere, mattschwarze Aluminiumfolie, kurz *Black-Wrap* genannt. Man kann sie aufgrund der Hitzebeständigkeit direkt am Scheinwerfer einsetzen. Das Material ist sehr gut formbar, beispielsweise zu einer kleinen Röhre (*Tubus*), wenn nur ein kleiner Lichtfleck benötigt wird.

VII. Hilfsmittel

4. Farbfolien

Zur farblichen Steuerung der Lichtquelle existieren eine Vielzahl von Farbeffekt-
und Konversionsfolien. Während die Farbeffektfolien ›nur‹ eine ästhetische Aufgabe erfüllen, dienen die Konversionsfolien dazu, Tageslicht an Kunstlicht anzugleichen (C. T.[31] Orange) beziehungsweise im umgekehrten Fall Kunstlicht an
Tageslicht (C. T. Blue).[32] Diese nicht brennbaren Kunststofffolien werden ebenfalls
mit Holzwäscheklammern am Lampentor befestigt.

Außerdem werden ND-Folien eingesetzt, wenn zum Beispiel die Fensterflächen
überstrahlen und man deren Lichtstärke verringern möchte. ND ist die Abkürzung
für Neutral Density, ›neutralgrau‹, das Licht wird also farblich nicht beeinflusst.
ND-Folien sind in drei Stärken lieferbar: ND 3, ND 6 und ND 9. Die Lichtstärke
wird um eine, zwei oder drei Blenden verringert.

5. Stative

Nicht nur für die Lampen, sondern auch für die Diffusionsrahmen, Aufhellflächen
und Abdeckfahnen gibt es die unterschiedlichsten Stative. Um die Dinge in der
erforderlichen Position zu befestigen, gibt es verschiedene Klammern, Klemmen,
Gestänge und Gelenkarme. Muss man auf Stative verzichten, kann man Polecats
einsetzen. Dies ist eine Art Teleskopstange, die sich beispielsweise zwischen zwei
Wände klemmen lässt. Mit speziellen Aufhängungen lassen sich die Lampen an
dieser Stange befestigen. All diese Dinge gibt es ebenfalls beim Lampenverleih.

Tipp

Das weiche, indirekte Licht ist für Menschen, die Filmaufnahmen nicht gewohnt
sind, oft angenehmer, da es nicht so stark blendet. Will man Laien ungezwun-
gen vor die Kamera bekommen, sollte man dies berücksichtigen. Das Einleuchten kann bei großen Dekorationen manchmal mehrere Stunden oder noch länger
dauern. Obwohl die Schauspieler dazu nicht die ganze Zeit gebraucht werden,
kann es für sie dennoch eine Tortur werden. Um das zu verhindern, setzt man
Lichtdoubles ein, die den Darstellern in Größe und Statur ähneln. Nur die letzten
Lichtkorrekturen macht man dann mit den Schauspielern selbst. Auch für ein
Interview kann man diese Methode übernehmen, denn das Ausleuchten macht
Laien oft schon vor der Aufnahme nervös.

---

31   C.T. ist die Abkürzung für Correction To.
32   Vgl. Kapitel X über Mischlicht, Seite 81 ff.

5. Stative

Auch wenn der Kameramann auf das Aussehen, genauer gesagt, die optische Wirkung der Darsteller einen maßgeblichen Einfluss hat, kann man bei Filmaufnahmen auf eine Maskenbildnerin oder einen Maskenbildner nicht verzichten. Die Maske ist auch bei kurzen Interviews und Statements oft hilfreich. Eine Maskenbildnerin achtet beispielsweise die ganze Aufnahmezeit darauf, dass kein Glanz auf der Stirn und dem Nasenrücken zu sehen ist. Auch richtet sie die Frisur. Unerfahrene Hilfskräfte hingegen tun sich manchmal schwer dabei, die körperliche Distanz zu unterschreiten und jemanden zu berühren. Die Darsteller empfinden die Betreuung durch eine Maskenbildnerin für gewöhnlich als Wertschätzung ihrer Person.

© Achim Dunker

VII. Hilfsmittel

Anregung

Versuchen Sie, Ihre Porträtausleuchtung mit Diffusions- und Aufhellmaterialien zu gestalten. Setzen Sie beispielsweise ein hartes Hauptlicht und eine indirekte Aufhellung oder beides indirekt, die Aufhellung allerdings etwas schwächer. Die Spitze ist die einzige Lichtquelle, die man, wenn überhaupt, immer direkt setzen wird, da sonst ihre Wirkung verlorengeht. Darüber hinaus aber existieren weitere ungezählte Möglichkeiten. Beobachten Sie auch das unterschiedliche Aussehen der menschlichen Haut bei hartem und bei weichem Licht. Wann strukturiert das Licht, und wann schmiert es zu?

Probieren Sie eine Porträtausleuchtung mit nur einer Lampe. Wie die Reflexionswand am besten zu platzieren ist, muss durch Probieren herausgefunden werden. Wichtig ist, dass ein Teil des direkten Lichtes das Gesicht der Person an der Seite streift und sie somit optisch vom Hintergrund löst.

VIII. Lichtgestaltung

Eine Lichtgestaltung ist eine komplette, inhaltsgerechte Ausleuchtung. Manchmal braucht man nur die Lampen anzuschalten, und die Stimmung ist perfekt. Oft aber fehlt noch das gewisse Etwas. In diesem Fall setzt man *Effekte* ein, um die Ausleuchtung weiter zu verbessern, um eine Lichtstimmung zu erhalten. Stellen Sie sich dies aber nicht als etwas ›Abgehobenes‹ vor. Effekte können extrem sein, müssen es aber nicht. Effekte sind das Salz in der ›Lichtsuppe‹. Es ist nicht so, dass Kameraleute erst das Licht aufbauen lassen und dann überlegen: Wie mache ich jetzt eine Stimmung daraus, welche Effekte bringe ich hier ein?, sondern sie planen und gestalten von vornherein. *Lichtkonzept, Lichtstimmung* und *Ausleuchtung* sind im Ergebnis das Gleiche: die inhaltsgerechte *Lichtgestaltung* einer Szene. Ich habe versucht, diese Begriffe aufzuschlüsseln, um den Weg zur Gestaltung einer Lichtstimmung transparent zu machen. Möglicherweise haben Ihrer Porträtausleuchtung bisher Effekte gefehlt, um sie überzeugend aussehen zu lassen. Diese Effekte sind meiner Beobachtung nach folgende Stilmittel: auffällige Schatten, farbige Lichter, Blinklichter, Nebel und Rauch respektive die Kombinationen davon. Hauptlicht, Aufhellung, Spitze oder Hintergrundlicht können auch beispielsweise farbige Blinklichter sein, sowohl einzeln als auch miteinander kombiniert. Man kann deren Einsatz im Film inhaltlich begründen oder nach dem Grundsatz *l'art pour l'art* vorgehen. Lichtstimmungen entstehen auch oft durch die Bewegung der Schauspieler. Ein Darsteller geht beispielsweise vom Fenster zu einer leuchtenden Stehlampe – die Lichtänderungen auf seinem Gesicht werden sicher sehr reiz- und stimmungsvoll sein. Auch die auf Seite 16 beschriebenen Filmszenen sind ein Beispiel dafür.

Wie stark man Effekte einsetzt, bleibt natürlich jedem selbst überlassen. Wenn sie zu stark sind, kann es in Manierismus ausarten, die ganze Szene wirkt dann übertrieben künstlich. Ein gutes Studienobjekt für ausgefallene und teilweise manieristische Lichtgestaltung ist der Peter-Greenaway-Film DER KOCH, DER DIEB, SEINE FRAU UND IHR LIEBHABER.

Ich habe die Erfahrung gemacht, dass Stimmungen dann am glaubhaftesten sind, wenn man nach der Maxime verfährt: So viel wie nötig, aber so wenig wie möglich.

VIII. Lichtgestaltung

Anregung

Die Porträtszene wird zu einer Büroszene umgestaltet. Die Einstellung wird etwas totaler, und als Dekoration kommen ein Schreibtisch und die nötigen Utensilien hinzu. Eingeleuchtet wird nach dem Schema: Hauptlicht von links, 2,20 m hoch und direkt, ohne Tüll; Aufhellung von rechts, getüllt oder indirekt; die Spitze auch wieder von rechts oben, hinter dem Darsteller beziehungsweise dem Modell platziert. Auf den optisch leblosen Hintergrund wird nun links mit einem Stufenlinsenscheinwerfer und einem abgeschnittenen Zweig ein Schatten projiziert. Der Assistent kann diesen Ast noch etwas bewegen. Es entsteht der Eindruck, draußen scheine die Sonne und vor dem Fenster stehe ein Baum. In der Einstellung davor oder danach kann man den Beweis antreten und das Büro mit dem Baum von außen zeigen, aber es muss nicht sein.

Dieser Trick ist zwar alt und sehr simpel, aber er funktioniert noch heute. Auch das altbekannte Fensterkreuz wird für diesen Zweck immer wieder bemüht. Die FEUERZANGENBOWLE mit Heinz Rühmann bietet hier interessante und gelungene Beispiele.

Jeder kann sich sicher an Aufnahmen einer stereotypen Nachtszene in einem Hotelzimmer erinnern. Besonders in älteren Farbfilmen ist es so, dass ein farbiges Blinklicht durch ein Fenster auf eine Wand fällt und so dem Zuschauer klarmacht, dass dies ein Großstadthotel ist. Dies wird heute kaum noch so gemacht. Stilmittel haben eine begrenzte Lebensdauer, sie nutzen sich ab und tauchen allenfalls noch in anspruchslosen Filmen als Klischee auf. In der Filmlichtgestaltung muss man sich ständig um etwas Neues bemühen. Heute würde man dieses Stilmittel nur sehr subtil oder aber als Zitat einsetzen.

Zurück zum Effektschatten auf dem Hintergrund. Dieser Schatten kann auch abstrakte Formen haben: Linien, Gitter, regelmäßige oder unregelmäßige Flächen. Wie heißt es bei Wilhelm Busch so treffend: »Was beliebt, ist auch erlaubt!« Bei Fernsehansagen werden solche Gestaltungsmittel oft eingesetzt, um die Gleichförmigkeit der Ansagesituationen aufzulockern.

Hier noch etwas für die Praxis: Diese Effektschattenmaterialien, Schattenfächer, Strukturen, Gitter und abstrakte Muster, lassen sich relativ leicht selbst herstellen. Entweder man sägt Lichtlöcher in eine Sperrholzplatte oder klebt ›Papp-Schatten‹ auf ein Netz, eine durchsichtige Folie oder leichte Frostfolie. Der Fachausdruck für diese Dinge ist Kokolores oder kurz Kuki. Der Brandgefahr wegen aber nicht zu nahe vor die Lampe hängen!

Lichtgestaltung

© California Sunbounce

So verwandelt sich das harte Sonnenlicht zu einem entspannten Eindruck unter einer Pergola. © California Sunbounce

VIII. Lichtgestaltung

Das Hauptlicht kann durchaus auch Effektschatten haben. Ein einfaches Beispiel ist eine seitliche Einstellung, in der der ›neugierige Nachbar‹ durch die fast geschlossene Jalousie[33] auf die Straße späht. Das Hauptlicht ist hier das Restlicht, das durch die Schlitze der Jalousie strahlt. Die Schatten könnten, sofern nötig, durch ein diffuses, indirektes Licht aus der Richtung der Kamera aufgehellt werden.

Ein anderes Beispiel für eine stimmungsvolle Ausleuchtung ist folgende Szene: Draußen dämmert es, im Zimmer brennt schon eine starke Lichtquelle (zum Beispiel ein Stufenlinsenscheinwerfer) von oben, die für den Zuschauer nicht zu sehen ist. Der Betrachter hat den Eindruck, das Licht käme von einer Deckenleuchte. Es ist sehr warm im Zimmer, der Darsteller schwitzt. Vor der Lampe dreht sich am oberen Bildrand – also noch sichtbar – träge ein großer Ventilator. Die Schatten der Flügel laufen über den Darsteller und das Set[34]. Je nach der Strahlungsqualität des Lichtes, weich oder hart, und je nach Stärke der Aufhellung der Schatten kann die Figur dann mehr oder weniger zwielichtig wirken. Entscheidend ist auch, wie ausgeprägt der Lichtkegel ist und wie dunkel beziehungsweise hell die Wände und das Fenster sind. Auf ein Spitzlicht kann man in jedem Fall verzichten, da das Hauptlicht die Person schon vom Hintergrund löst. Hier kommt man vielleicht mit dem Hauptlicht allein aus, das von oben, von der vermuteten Deckenleuchte kommt, und kann auf die Aufhellung und die Hintergrundausleuchtung verzichten. Die nächste Einstellung könnte aus einem Krimi sein. Jemand steht lange an einer Ampel und beobachtet einen Hauseingang. Die Totale ist von oben aufgenommen, man sieht, dass eine Straßenlaterne die Szene erhellt. In der folgenden Naheinstellung ist das Gesicht der Person von der einen Seite mit dem roten Licht der Ampel beleuchtet. Die Aufhellung der anderen Gesichtshälfte fehlt ganz, nur ein blau-grünes Spitzlicht (Straßenlaterne) löst die Figur vom Hintergrund. Nach drei Sekunden wechselt die Ampel auf grün und somit auch unser Hauptlicht. Das Licht der Ampel wird nicht ausreichen, es muss verstärkt werden. Dies kann dadurch geschehen, dass man die vorhandenen Glühlampen in der Ampel durch leistungsstärkere ersetzt oder je einen roten und grünen Scheinwerfer außerhalb des Bildes so positioniert, dass der Lichtfall der Lampen dem der Ampel entspricht. Auch das blau-grüne Spitzlicht kommt nicht von der Laterne, sondern von einem eingefärbten Scheinwerfer, der aus der gleichen Richtung wie die Straßenlaterne strahlt. Dieses Verstärken der vorhandenen Lichtquellen ist nicht so kompliziert, wie es sich anhört. Es ist aber auch nicht so, dass man einmal eine Szene ausleuchtet und dann alle Einstellungen ohne Umbau drehen kann. Für

---

33 Der Schattenwurf der halb geschlossenen Jalousie ist eines der verbindenden Stilelemente des Film Noir.
34 Drehort

Lichtgestaltung

jede Änderung der Kameraposition und jede Änderung der Brennweite muss die Ausleuchtung mehr oder weniger umgebaut beziehungsweise korrigiert werden. Jede Einstellung hat ihren eigenen Bildinhalt, an dem auch das Licht beteiligt ist. Die Ampelszene beginnt mit einer Totalen von oben. Hier ist es wichtig, die Lichtstimmung insgesamt zu zeigen, also den Hauseingang, den Darsteller, die Ampel und die Ausleuchtung durch die Straßenlaterne. Wie der Darsteller nun im Gesicht genau ausgeleuchtet ist, wie das Licht der Ampel auf sein Gesicht scheint, ist wahrscheinlich nicht zu sehen und somit für diese Einstellung irrelevant, es ›verspielt sich‹, wie man sagt. Aus ökonomischen Gründen arbeitet man beim Film meistens nur so genau wie nötig und nicht so genau wie möglich. Die Ausleuchtung dieser ersten Einstellung würde von oben mit einem 4-kW-Tageslicht-Stufenlinsenscheinwerfer erfolgen, daher auch der blau-grüne Lichtcharakter, der eventuell durch eine Folie verstärkt wird. Die Lampe könnte so aus einem Fenster scheinen, dass das Licht dem der Laterne entspricht.

Bei der anschließenden Naheinstellung ist der Schein der Straßenlaterne beziehungsweise des Scheinwerfers nicht mehr so wichtig, sondern nur noch der Teil des Lichts, der als Spitzlicht auf den Kopf des Darstellers scheint. Der Scheinwerfer muss gegebenenfalls nachkorrigiert werden. Sehr wichtig ist nun das Licht der Ampel auf dem Gesicht. Da sich die Einstellungsgröße verkleinert hat, kann man mit zusätzlichen Scheinwerfern arbeiten, die näher an den Darsteller herangestellt werden können, um ihn präziser auszuleuchten. Eine Charakterisierung durch das Licht, wie bei der Porträtausleuchtung besprochen, funktioniert erst ab einer Naheinstellung. In diesem Fall würde man zwei 800-W-Kunstlicht-Flächenleuchten verwenden, jeweils mit einer roten und einer grünen Filterfolie. Die Lampen wären außerhalb des Bildes übereinander angeordnet, wie bei einer Ampel auch. Da die Flächenleuchten fokussierbar sind, sich natürlich auch in der Höhe, Neigung und im Standort problemlos verstellen lassen, ist mit ihnen sehr viel einfacher zu arbeiten als mit der tatsächlichen Ampel. Auch wäre es äußerst uneffektiv für die Dreharbeiten, jeweils die reguläre Ampelphase abzuwarten. Die beiden Lampen können über Schalter von einem Assistenten bedient werden.

Auch andere Lichtquellen, die im Fernseh- oder Filmbild sind (Kerzen, Kaminfeuer, Schreibtischlampe, Stehlampe, Fernsehapparat und so weiter) und von der Spielsituation her die bestimmende Lichtquelle darstellen, reichen oft von der Leistung her nicht aus und müssen verstärkt werden. Oft ist es so, dass dies nicht nur mit Scheinwerfern, die außerhalb des Bildes stehen, geschieht, sondern dass die Originallichtquellen entsprechend präpariert werden. Der oben erwähnte Trick, die Glühlampen der Ampel gegen stärkere auszutauschen, ist durchaus üblich und wird sehr oft angewandt. In dem Film 9 ½ Wochen mit Kim Basinger und Mickey Rourke gibt es eine Szene vor einem geöffneten Kühlschrank. Auch hier ist das normale Kühlschranklicht verstärkt worden. Entweder hat man die

VIII. Lichtgestaltung

Originallampe ausgetauscht oder, was wahrscheinlicher ist, direkt einen kleinen Filmscheinwerfer eingebaut. Zusätzlich waren die Personen noch von vorne aufgehellt.

In dem Film DIE AMERIKANISCHE NACHT von François Truffaut ist ein Beispiel für eine präparierte Kerze zu sehen. Der untere Teil der Kerze ist ausgehöhlt und bietet so Platz für einen kleinen, akkubetriebenen Scheinwerfer. Jacqueline Bisset trägt die Kerze, und ihr Gesicht wird von diesem Scheinwerfer beleuchtet.

Der Technik der Kerzenausleuchtung bin ich auch in dem Interview mit Gernot Roll nachgegangen (siehe Seite 168ff.).

Weitere Anregung

Gestalten Sie den Lichteindruck eines Fernsehers und eines Kamin- oder Lagerfeuers nach. Jemand sitzt vor einem Fernseher, und sein Gesicht wird von der Bildröhre beleuchtet. In der Totalen sind der Fernseher und der Darsteller, der Rest des Zimmers ist aber nur sehr dunkel zu sehen. Das Hauptlicht ist das Licht der Mattscheibe, das auf das Gesicht des Darstellers und schwächer auf den Hintergrund fällt. Dieses Fernseherlicht wird außerhalb des Bildes nachgebaut. Beschränken wir uns in dieser Übung auf eine Großaufnahme. Ein Fernseher steht normalerweise in Augenhöhe einer bequem im Sessel sitzenden Person. In dieser Höhe wird auch ein 800-W-Reportagefluter installiert. Da man frontal vor der ›Glotze‹ sitzt, beleuchtet die Lampe auch frontal die Person. Das Licht eines Farbfernsehers wirkt insgesamt immer etwas bläulich, daher kommt vor die Lampe eine blaue Folie. Am einfachsten lässt sich diese Folie mit den schon erwähnten Holzwäscheklammern an den Toren befestigen. Jetzt muss nur noch die Flackercharakteristik des Fernsehers (hervorgerufen durch Schnitte und Bildänderungen) nachgeahmt werden. Sie brauchen dazu nur einen Gegenstand im Lichtstrahl, direkt vor der Lampe, in geeigneter Weise rhythmisch zu bewegen, und es entsteht der Eindruck, die Person säße vor dem Fernseher. Am einfachsten ist es, einen Arbeitshandschuh überzuziehen und die Finger zu bewegen. Mit ein bisschen Übung lässt sich der Rhythmus leicht nachempfinden. Der Lichteindruck eines Feuers ist ähnlich. Das Licht scheint hier von schräg unten hoch und ist durch eine Folie gelb gefärbt. Der Flackerrhythmus ist zwar etwas anders als beim Fernseher, aber ebenfalls einfach nachzuahmen. Probieren Sie beide Ausleuchtungen sowohl ohne als auch mit Spitzlicht und leichter diffuser Aufhellung.

IX. Farbtemperatur

Zur Erinnerung sei noch einmal gesagt, dass man die Farbtemperatur mit Hilfe einer innen schwarzen Kugel ermittelt, die erhitzt wird. Die im Inneren der Kugel zu beobachtende Glühfarbe wird mit der erreichten Temperatur in Beziehung gesetzt, die in Kelvin gemessen wird. Eine Farbtemperatur von 5.000 Kelvin bedeutet also, dass das Licht eine Farbe hat wie die schwarze Kugel bei einer Temperatur von 5.000 Kelvin (vgl. S. 46f.).

Die Farbtemperatur wird mit einem Farbtemperaturmesser bestimmt. In der Tabelle sind die ungefähren Farbtemperaturen einiger Lichtquellen aufgeführt.

Lichtquelle	Farbtemperatur (K)
Kerzenflamme	1.500
60-Watt-Glühlampe	2.800
Halogen-Kunstlicht	3.200
Brut 5.000	
Morgen- und Abendsonne	5.000 – 5.500
HMI-Tageslicht	5.600
Mittagssonnenlicht	5.600 – 5.900
Licht bei völlig bedecktem Himmel	6.700 – 7.000
Nebel, starker Dunst	7.500 – 8.500
Licht vom blauen Himmel	10.000 – 12.000
Klares blaues, nördliches Himmelslicht	15.000 – 27.000

Auf den ersten Blick ist es vielleicht verwirrend, dass das Licht bei bedecktem Himmel einem höheren Kelvinwert entspricht als das der Mittagssonne. Der Kelvinwert hat aber nichts mit Helligkeit, sondern mit dem Blauanteil des Lichts zu tun.

Die Farbtemperatur des Lichts muss mit der vorgesehenen Farbtemperatur des Filmmaterials übereinstimmen, wobei es allerdings auf 200 Kelvin mehr oder weniger nicht ankommt. Ist die Differenz größer, so bekommt das Bild einen Farbstich. Vereinfacht lässt sich das so erklären: Farben entstehen dadurch, dass nur ein bestimmter Teil des auftreffenden Lichts reflektiert wird. Das farbliche Aussehen ist direkt abhängig von der Art der Lichtquelle. Jeder kennt das Phänomen, dass beispielsweise eine Krawatte in der Boutique bei Leuchtstofflampenlicht anders aussieht als zu Hause unter Glühlampenlicht. Erkennbar wird der Unterschied aber nur, wenn man die Krawatte mit einem anderen Gewebe vergleicht. In einer Fotodunkelkammer lässt sich diese Tatsache noch besser beobachten. Unter dem roten Dunkelkammerlicht sieht ein blauer Karton schwarz aus. Die Farbe Blau reflektiert nur den Blauanteil des Lichts, alle anderen Teile werden geschluckt. Bei dem Dunkelkammerlicht sind aber die anderen Lichtanteile, bis auf den Rotanteil, bereits ausgefiltert worden. Dieser Rest wird von dem blauen Karton nicht reflektiert, und somit wirkt der Karton schwarz. Auch das weiße Fotopapier sieht rot aus, weil es den roten Lichtanteil reflektiert. Nach einer gewissen Gewöhnungszeit wirkt das Papier allerdings weiß. Das menschliche Auge ist nicht in der Lage, die Lichtfarbe (Farbtemperatur) einer Beleuchtung ohne Vergleichsmöglichkeiten zu schätzen. Dies hat zur Folge, dass die Farbwahrnehmung von farbigen Gegenständen unabhängig von der Art des Lichtes ist, mit dem sie beleuchtet werden.

Mit anderen Worten: Wenn ein Filmbild einen Farbstich aufweist, dann existierte dieser Farbstich schon in der Realität, nur das menschliche Auge war nicht in der Lage, ihn wahrzunehmen. Das Filmmaterial ist auf eine bestimmte Farbtemperatur abgestimmt, das heißt, dass nur bei dieser Farbtemperatur ein weißes Papierblatt auf dem Film auch weiß aussieht. Beleuchtet man ein weißes Blatt mit Tageslicht und nimmt es auf Kunstlichtfilm auf, so ist das Blatt zu blau. Kombiniert man Kunstlicht mit Tageslichtfilm, wird das Ergebnis zu rot. Das hängt mit der Farbtemperatur zusammen. Schauen Sie sich noch einmal die Tabelle an: Je höher die Farbtemperatur ist, desto kleiner ist der rote und desto größer ist der blaue Lichtanteil der Lichtquelle. (Wie schon in Kapitel V.3 beschrieben, sind Filmleuchten für Tageslicht auf 5.600 Kelvin, Leuchten für Kunstlicht auf 3.200 Kelvin abgestimmt.) Bei einer Videokamera lässt sich die Korrektur einer ›falschen‹ Beleuchtung elektronisch vornehmen, es ist der *Weißabgleich*. Bei einer Filmkamera wird dies von ›Hand‹ erledigt, das heißt, man muss die Farbtemperatur, wenn sie nicht bekannt ist, mit dem Farbtemperaturmesser bestimmen und den richtigen Filter wählen.

Die Stärke der Filter wird in *Dekarmired* (dM) angegeben. Mired ist die Abkürzung für *Microreciprocal degree*. Der Mired-Wert ist der Kehrwert der Farbtemperatur multipliziert mit einer Million. Der Einfachheit halber rechnet man mit *Dekamired*, was zehn Mired entspricht. Zur Farbkorrektur bei Temperaturstrahlern sind nur zwei Farbtypen von Filtern nötig: rote und blaue. Blaue Filter erhöhen die Farbtemperatur, rote Filter senken sie. Zur Verdeutlichung sei gesagt, dass ein blauer Filter für den roten Lichtanteil eine ›Barriere‹ darstellt. Der rote Lichtanteil wird reduziert, das verbleibende Licht dadurch blauer, die Farbtemperatur steigt. Ein roter Filter reduziert den Blauanteil, die Farbtemperatur sinkt. Diese Korrekturfilter laufen auch unter der Bezeichnung *Konversionsfilter*, sie sind in verschiedenen Stärken (*Dichten*) erhältlich. Mit Hilfe der Dekamiredwerte lässt sich der benötigte Korrekturfilter relativ einfach ermitteln. Dazu ein konkretes

Beispiel: Ein Kunstlichtfilm ist auf eine Farbtemperatur von 3.200 K abgestimmt. Das entspricht 31,2 Dekamired (dM). Das Aufnahmelicht hat laut Farbtemperaturmesser 7.000 K, das sind 14,3 dM. Der Wert des Lichtes wird nun vom Wert des Films subtrahiert. Das Ergebnis gibt die Stärke des Filters an. Ein positiver Wert (+) steht für Rot, ein negativer Wert (-) steht für Blau. Auf unser Beispiel bezogen heißt das:

31,2 dM – 14,3 dM = + 16,9 dM.

Man braucht also einen roten Filter von 16,9 Dekamired. Dieser Filter wird vor das Objektiv der Kamera gesetzt. Die Filter sind entweder aus einem besonderen optischen Glas gefertigt oder bestehen aus einer dünnen Gelatineschicht, die mit einer speziellen Halterung am Objektiv befestigt wird.

Scheinwerfer lassen sich ebenfalls auf die oben beschriebene Art korrigieren. Denn auch wenn man bei Tageslichtlampen von 5.600 K ausgeht, ist es in der Praxis oft so, dass die Farbtemperaturen von diesem Wert abweichen. Beleuchten mehrere Scheinwerfer verschiedene Teile derselben Fläche, so kann es sein, dass man die Unterschiede in der Farbtemperatur ausgleichen muss. Auch hier werden Filter- oder Konversionsfolien eingesetzt. Die optische Güte der Folien reicht allerdings nicht aus, um sie vor dem Objektiv zu verwenden. Leuchtstofflampen und andere Gasentladungslampen wie Natriumdampf- und Quecksilberdampflampen lassen sich nicht nach diesem Verfahren korrigieren. Man muss sich hier auf die Filterempfehlungen der Filmhersteller verlassen.

Im Folgenden ist noch einmal die Tabelle von Seite 77 mit den den jeweiligen Farbtemperaturen entsprechenden Dekamiredwerten abgedruckt.

Lichtquelle	Farbtemperatur (K)	Dekamired
Kerzenflamme	1.500	66,7
60-Watt-Glühlampe	2.800	35,7
Halogen-Kunstlicht	3.200	31,2
Brut	5.000	20,0
Morgen- und Abendsonne	5.000 – 5.500	20,0 – 18,2
HMI-Tageslicht	5.600	17,9
Mittagssonnenlicht	5.600 – 5.900	17,9 – 16,9
Licht bei völlig bedecktem Himmel	6.700 – 7.000	14,9 – 14,3
Nebel, starker Dunst	7.500 – 8.500	13,3 – 11,8
Licht vom blauen Himmel	10.000 – 12.000	10,0 – 8,3
Klares blaues, nördliches Himmelslicht	15.000 – 27.000	6,6 – 3,7

X. Mischlicht

Wie der Name schon sagt, handelt es sich bei Mischlicht um das Resultat verschiedenfarbiger Lichtquellen, beispielsweise von Kunst- und Tageslicht. Mischlicht kann sich so auswirken, dass ein Objekt verschiedenfarbig aussieht, obwohl es einfarbig ist. Auch haben die Schatten unterschiedliche Farben. Mischlicht ist für das menschliche Auge erst da zu erkennen, wo durch Abschattung eine der Lichtquellen überwiegt. Diese Tatsache fiel schon Johann Wolfgang von Goethe auf. Ein Gegenstand, der von zwei verschiedenen Lichtquellen beleuchtet wird, hat zwei farblich unterschiedliche Schatten. In dem von Goethe beschriebenen Experiment wird ein Objekt von einer Kerze und vom sonnenlosen, blauen Nordhimmel beleuchtet.

Mischlicht. © Achim Dunker

Der Schatten der einen Lichtquelle wird mit dem Licht der anderen Lichtquelle aufgehellt. Auf den Schatten des blauen Himmelslichts fällt das rote Kerzenlicht, und auf den Schatten des Kerzenlichts fällt das blaue Himmelslicht. Aber nicht

X. Mischlicht

Ein Beispiel für eine natürliche Mischlichtsituation. Das Paar wird direkt von dem roten Sonnenuntergangs- Licht beleuchtet. Die Schatten erhalten dagegen nur blaues Licht vom wolkenlosen Himmel. Ohne das zusätzliche, reflektierende Sonnenlicht über der goldenen Fläche wären die Schatten a) zu dunkel und b) zu blau.
© California Sunbounce

nur die auf den Boden fallenden Schatten haben verschiedene Farben, sondern auch die auf das Objekt Fallenden. Die Schatten auf dem Boden braucht man ja, wie bei der Porträtausleuchtung demonstriert, nicht zu zeigen. Aber der Lichtverlauf auf dem Objekt, von rot nach blau, kann sehr störend wirken.

Eine ähnliche Situation kann auch auftreten, wenn bei wolkenlosem Himmel Aufnahmen gemacht werden. Das Sonnenlicht hat eine Farbtemperatur von ungefähr 5.600 K. Die Schatten werden nur vom Himmelsblau beleuchtet, das laut obiger Tabelle 15.000 K und mehr haben kann. Starke blaue Schatten wären die Folge. Ausgleichen lässt sich dies, indem man die Schatten mit reflektiertem Sonnenlicht aufhellt. Auch weiße Kumuluswolken reflektieren so viel normales Sonnenlicht in die Schattenflächen, dass dieser Blaustich in den Schatten nicht auftritt.

Mischlichtsituationen können auch durch farbiges Reflexlicht entstehen. Eine Aufnahme unter beziehungsweise neben einem großen Laubbaum wird sicher einen Grünstich haben, da die grünen Blätter wie ein Filter wirken. Auch das reflektierte Licht von farbigen Zimmerwänden und Decken kann zu Mischlicht führen. Werden die Darsteller mit bläulichem oder grünlichem Licht (Laubbaum) beleuchtet, so bekommen sie meistens einen kranken Gesichtsausdruck. Zufällige Mischlichtausleuchtungen sehen nicht gut aus und können zu Problemen führen: Bei Produktaufnahmen wird der Auftraggeber aus allen Wolken fallen: »So sehen unsere Teppiche aber nicht aus.« Ungewolltes Mischlicht kann sich zudem während der Szene ändern, wodurch beim Filmschnitt dann Anschlussprobleme auftreten, die Einstellungen passen nicht mehr zusammen: »Der Mann sieht nun irgendwie anders aus.«

In der Praxis bieten sich verschiedene Verfahren an, durch die sich ungewolltes Mischlicht vermeiden lässt. Dazu ein konkretes Beispiel: In einer Lackierwerkstatt sollen Aufnahmen gemacht werden. In den Räumlichkeiten sind große Fenster, durch die starkes Tageslicht von 5.600 K einfällt. Arbeitet man nur mit Kunstlichtlampen von 3.200 K, so entsteht eine Mischlichtsituation. Die Fenster sehen blau aus und werden wahrscheinlich aufgrund der hohen Leuchtdichte überstrahlen, das heißt, draußen sind keine Details mehr wahrnehmbar. Die Fenster wirken dann wie dominante, blauweiße Lichtquellen. Auch tritt der Effekt der unterschiedlichen Objekt- und Schattenfarben auf. Eine Möglichkeit, Abhilfe zu schaffen, besteht darin, die Fenster zu verdunkeln und nur mit Kunstlicht zu arbeiten. Das hat allerdings den Nachteil, dass die Grundhelligkeit verloren geht und das Licht in der Werkstatt unnatürlich wirkt. Es ist daher besser, die Fenster von außen mit einer Konversionsfolie (C.T. Orange) zu bekleben. Die hier benötigte Folie hat die Bezeichnung *Full C.T. Orange* und filtert das Tageslicht von 5.600 K zu Kunstlicht von 3.200 K. Die Fenster haben nun die gleiche Farbtemperatur wie die verwendeten Kunstlichtlampen. *Full, ¼, ¼, ⅛* sind die Bezeichnungen der unterschiedlichen Dichten, in denen die Filterfolie erhältlich ist. Je geringer die Dichte ist, umso geringer ist die Filterwirkung. Sollten die Fenster nach der Farbkorrektur immer noch überstrahlen, ist der Kontrast zwischen innen und außen also noch zu hoch, so muss die Lichtstärke der Fenster verringert werden. Dies lässt sich mit einer kombinierten *Konversions-/Neutralgraufolie* erreichen. Es gibt zwei Stärken mit den Bezeichnungen *C.T. Orange + 3 ND* und *C.T. Orange + 6 ND*. Diese Folien reduzieren das Licht um eine beziehungsweise zwei Blenden im Vergleich zur normalen C.T.-Orange-Folie. Bei C.T. Orange + 3 ND sinkt die ursprüngliche Lichtstärke auf die Hälfte, bei C.T. Orange + 6 ND auf ein Viertel.

Die beste Alternative hierzu ist, statt der Kunstlichtlampen direkt Tageslichtlampen mit 5.600 K einzusetzen. Diese Lampen erzielen bei geringerem Stromverbrauch eine höhere Lichtausbeute. Sollten die Fenster noch überstrahlen, so muss man sie mit Neutralgraufolien (ND 3, ND 6 oder ND 9) von außen abkleben.

Eine schlechte und nicht zu empfehlende Variante ist das Benutzen von Tageslichtkonversionsfiltern und -folien (Full C.T. Blue) beim Einsatz von Kunstlicht-

X. Mischlicht

lampen. Das Problem des Mischlichts ist zwar behoben, aber die verhältnismäßig geringe Lichtausbeute der Kunstlichtlampen wird noch weiter verringert. Auch diese Folie ist in den gleichen Dichten erhältlich wie die Kunstlichtfolie.

Konversionsfolien mit geringen Dichten werden oft benutzt, wenn es gilt, die Scheinwerfer untereinander anzugleichen. Durch Fertigungstoleranzen und eine unterschiedliche Anzahl von Betriebsstunden können die Farbtemperaturen von Kunst- beziehungsweise Tageslichtlampen voneinander abweichen.

Trotz der zuvor geschilderten Probleme lässt sich Mischlicht auch bewusst als Gestaltungsmittel effektvoll einsetzen. In Werbespots und Spielfilmen wird häufig die Atmosphäre der Gemütlichkeit und Geborgenheit einer in einem Innenraum spielenden Szene durch Mischlicht erreicht beziehungsweise unterstützt. Dazu wieder ein Beispiel: Die Darsteller werden vom Fenster her mit einem blauen, kalten Spitzlicht beleuchtet. Dies kann ein Tageslichtscheinwerfer sein oder ein Kunstlichtscheinwerfer mit einer Tageslichtfolie. Das Hauptlicht und die Aufhellung sind dagegen gelbes, warmes Kunstlicht. Im Bild entsteht so ein anmutiger Kontrast zwischen kaltem und warmem Licht. So simpel wie es sich anhört – es funktioniert. Trinkt der Darsteller in dieser Ausleuchtung noch ruhig seinen Weinbrand, so ist die Feierabendstimmung perfekt. Auch die in der Anregung zu Kapitel VIII (Seite 76) beschriebene Kaminfeuer- beziehungsweise Fernseherausleuchtung ist eine Mischlichtausleuchtung, wenn man das nachgestellte Kamin- beziehungsweise Fernseherlicht mit einer andersfarbigen Lichtquelle (zum Beispiel einem Spitzlicht) kombiniert.

Auch in maskenbildnerischer oder kosmetischer Hinsicht lassen sich Hauttöne der Darsteller durch die Farbtemperatur beeinflussen. Für diesen Einsatzbereich gibt es verschiedene Cosmeticfolien. Blässe lässt sich mit leicht rot getöntem Licht vermeiden. Blau- oder grüngetöntes Licht lässt umgekehrt den Darsteller blass und elend aussehen. Man darf das Mischlicht nicht als unveränderliche Gegebenheit begreifen, sondern nur als die Möglichkeit zur Erzielung von geforderten Wirkungen. So lassen sich auch optisch recht unattraktive technische Dinge wie Kühlschränke mit farbigen Lichtquellen interessanter aufnehmen.

Anregung

Variieren Sie die schon bekannte Porträtausleuchtung mit unterschiedlichen Lichtfarben. Wie stark die Farbtemperaturen untereinander abweichen sollen, bleibt Ihrem eigenen Empfinden überlassen. Lassen Sie sich von Werbespots, Videoclips, Spielfilmen und Musikshows anregen.

XI. Lichtgestaltung in Innenräumen

Bei der Realisierung von Filmen werden zwei Arten von Innenräumen unterschieden: Räume, die im Atelier nachgebaut wurden, die *Studiodekorationen*, und Räume, die tatsächlich existieren. Diese realen Zimmer, Treppenhäuser, Kirchen, Schlosssäle, Schiffs- und Flugzeugkabinen, Fabrikhallen und so weiter werden als *Originaldrehorte* bezeichnet.

Die *Ausleuchtung einer Studiodekoration*, beispielsweise eines Zimmers, wird schon beim ersten Dekorationsentwurf des Filmarchitekten berücksichtigt. Lichtstimmungen und Tageszeiten sind aus dem Drehbuch bekannt und werden in Absprache mit dem Regisseur, Kameramann und Oberbeleuchter weiter präzisiert. Die Wände der Dekorationen werden so in das Studio eingebaut, dass genügend Raum übrig bleibt, um die Scheinwerfer zu platzieren. Auch die sichtbaren Lichtquellen, wie Wand-, Tisch-, Stehlampen, Deckenleuchten und sonstige Beleuchtungskörper, werden unter anderem nach der Nutzbarkeit für die Filmausleuchtung ausgewählt. Im Atelier hat man mehr und bessere Möglichkeiten, die Scheinwerfer zu platzieren als in einer Originaldekoration. Dafür muss aber auch alles hergestellt werden, so zum Beispiel der Lichteinfall eines Fensters. Im Atelier wiederum kann man das Kontrastverhältnis zwischen der Helligkeit der Fenster und der Helligkeit des Innenraums besser und einfacher steuern. Bei einer Originaldekoration muss man dagegen oft dem natürlichen Lichteinfall durch das Fenster folgen und die Helligkeit im Innern den äußeren Verhältnissen angleichen. Wie schon erwähnt, lassen sich zwar die Fenster mit ND-Folie abkleben, wodurch das Licht von außen dem künstlichen Licht angeglichen wird, aber die äußeren Lichtverhältnisse ändern sich im Laufe des Tages durch den Sonnenstand und die Wolkenbewegungen. Wenn sich die Dreharbeiten nun aufgrund irgendwelcher Probleme verzögern, kann es hierdurch zu Schwierigkeiten kommen: Der unbeabsichtigte und unmotivierte Wechsel des Lichts vom Fenster her würde das Publikum irritieren und sollte daher vermieden werden. Filmszenen werden beim Einsatz von nur einer Kamera nicht in der Reihenfolge gedreht, wie man sie später im fertigen Film sieht. Zuerst wird die Szene vielleicht in einer totalen Einstellung gedreht, anschließend dann noch einmal in Nah- und Großeinstellungen. Am Schneidetisch werden dann die Groß- und Naheinstellungen in die Totale montiert. Wenn sich jetzt das Licht während der Drehzeit geändert hat, beispielsweise sind die Fenster in der Totalen hell und in der Nah- oder Großaufnahme dunkel, so wechselt das Licht von Schnitt zu Schnitt. Ein einzelner Lichtwechsel während der Totale kann sehr reizvoll sein, aber das ständige Hin

XI. Lichtgestaltung in Innenräumen

und Her wird dem Zuschauer unangenehm auffallen. Es gibt verschiedene Wege, dies zu verhindern. Eine Möglichkeit ist, den Dreh so zu planen und zu beginnen, dass man vor der Abenddämmerung fertig ist. Zusätzlich wählt man für die Zwischenschnitte eine Kameraposition, in der die Fenster nicht zu sehen sind. Oder man stellt von vornherein starke Scheinwerfer außen vor die Fenster und lässt die Fenster ein wenig überstrahlen. Des Weiteren kann man, wenn vorhanden, die Jalousien etwas schließen, so dass geringe Lichtänderungen nicht auffallen.

Jede *Ausleuchtung eines Originaldrehortes* beginnt mit der *Vor-* oder *Motivbesichtigung*. Neben den künstlerischen, organisatorischen, rechtlichen und versicherungsmäßigen Fragen gibt es auch einige technische Dinge zu berücksichtigen, auf die ich mich hier beschränken möchte. Tageszeit und Lichtstimmung sind durch das Drehbuch bereits festgelegt. Bei Dokumentationen und Industriefilmen hat die Lichtstimmung jedoch oft keine besondere dramaturgische Absicht. Es geht vielmehr darum, die Dinge interessant zu fotografieren.

Folgende Fragen sind vor Beginn der Dreharbeiten zu klären:

- Was soll aufgenommen werden: ein Interview mit dem Bürgermeister, die Totale einer Faltschachtelklebemaschine oder eine Liebesszene in der Wohnküche eines Bauernhauses?
- In welcher Art von Raum wird gedreht? Die Möglichkeiten reichen hier vom Zimmer bis zum Kirchenschiff.
- Wie viele Quadratmeter umfasst dieser Raum? Von der Größe des Raumes hängt die Menge des benötigten Scheinwerfermaterials ab. Je größer der Raum ist, umso länger ist auch die Aufbauzeit.
- Sind Fenster vorhanden? Wenn ja, besitzen sie Jalousien oder Rollos?
- Lassen sich draußen vor den Fenstern Scheinwerfer postieren?
- Wie ist der Lauf der Sonne?
- Wie ist die Decke, wie sind die Wände? Hell, dunkel, farbig oder mit Holz verkleidet? Auch nach dem Reflexionsgrad der Decke und der Wände richtet sich die benötigte Lichtmenge. In einem Raum mit weißen Raufaserwänden ist die Grundhelligkeit durch das reflektierte Licht höher als in einem Raum mit dunklen Holzwänden.
- Ist die Decke hoch oder niedrig? In einem Raum mit hoher Decke hat man mehr und bessere Möglichkeiten, die Lampen aufzubauen und zu verstecken. So können die Lampen unter der Decke an Polecats montiert werden, die man zwischen die Wände klemmt.
- In welchem Stockwerk liegt das Motiv? Ist ein Aufzug vorhanden? Die Antwort auf diese Fragen bestimmt die Aufbauzeit mit.
- Wo befinden sich die elektrischen Anschlussmöglichkeiten, und wie sind sie beschaffen?

Letzteres ist ein sehr wichtiger Punkt. Oft erlebt man, dass die Sicherungen nicht die Leistung verkraften, die man gerne hätte. Die elektrische Leistung (Formelzeichen P, gemessen in Watt) wird bestimmt durch die Spannung (Formelzeichen U, gemessen in Volt) multipliziert mit dem Strom (Formelzeichen I, gemessen in Ampère): $P = U \times I$. Nach dieser Formel schaltet eine 16-Ampère-Sicherung in einem 220-Volt-Stromkreis bei 3.520 Watt ab. Verlassen Sie sich aber nicht darauf, sie macht es wahrscheinlich schon bei geringerer Leistung, denn oft ist die Stromaufnahme im Augenblick des Einschaltens höher. Es stehen Ihnen also gut und gerne 3 kW zur Verfügung. Beim Einsatz von Tageslicht sind 3 kW schon viel. Ob es ausreicht, hängt von der Größe des Raumes ab. Sollten 3 kW nicht genügen, muss mit geeigneten Verlängerungskabeln elektrische Energie von anderen Sicherungskreisen zugeführt werden. Ist das nicht möglich, so kann das E-Werk für die Zeit der Dreharbeiten einen zusätzlichen Anschluss einrichten, oder man kann außerhalb des Hauses einen transportablen Generator aufstellen.

Beim Einsatz von Video ist es außerdem sinnvoll, den Strom für die Ausrüstung von einem anderen Kreis zu beziehen, da von den Lampen manchmal Störimpulse ins Netz gehen, die bei der Elektronik der Kamera zu Störungen führen können.

Tageslichtscheinwerfer sind an Originaldrehorten wegen der höheren Lichtausbeute besser geeignet als Kunstlichtlampen. Es treten auch weniger Mischlichtprobleme auf. Selbst in Räumen mit Leuchtstofflampen ist oft das Mischlicht nicht wahrnehmbar, da die Tageslichtlampen so stark sind, dass ihr Licht überwiegt. Vom Typ her bieten sich Stufenlinsenscheinwerfer an. Mit Tüll oder Frostfolien lassen sie sich schnell in Flächenleuchten verwandeln. Dadurch erspart man sich die Mitnahme verschiedenster Scheinwerfertypen und hat trotzdem sowohl gerichtetes als auch diffuses Licht zur Verfügung.

Der Lichtaufbau besteht hier wie im Studio aus den bekannten vier Lichtquellen (Haupt-, Aufhell-, Spitz-, und Hintergrundlicht) unter Berücksichtigung der beabsichtigten Lichtstimmung. Im Prinzip ist es wieder das Schema der Porträtausleuchtung. Das Hauptlicht bestimmt den grundsätzlichen Lichtcharakter. Ist der auszuleuchtende Raum sehr groß, kann beziehungsweise muss das Hauptlicht von mehreren Scheinwerfern ausgehen, die die gesamte Dekoration abdecken. Im Film sieht es aber dann so aus, als käme das Licht nur von einer einzigen Lichtquelle. Um eine gleichmäßige und gestreute Grundhelligkeit zu erzeugen, würde sich auch ein starkes Ballon-Licht eignen, vorausgesetzt der Raum ist hoch genug. Dies hätte auch den Vorteil, dass keine Stative nötig wären. Für Aufhellung, Hintergrundlicht und Spitze gilt das Gleiche; reicht ein Scheinwerfer nicht aus, werden mehrere eingesetzt. Während der Stellprobe werden die Bewegungen der

XI. Lichtgestaltung in Innenräumen

© Luminys

Schauspieler exakt festgelegt: Sitzen sie beispielsweise nur am Tisch und reden miteinander, oder laufen sie aufgeregt durchs Zimmer, oder findet gar eine Prügelei statt, bei der das gesamte Mobiliar zu Bruch geht?

Die Anordnung der Scheinwerfer richtet sich auch nach der Inszenierung. Sollen die Darsteller immer gleichmäßig ausgeleuchtet sein, oder sollen sie sich durch Licht und Schatten bewegen? Stimmungen entstehen ja bekanntlich durch Licht und Schatten, daher kann die Änderung der Ausleuchtung auf dem Gesicht der Schauspieler sehr reizvoll sein. Ein Drehort von der Größe einer Fabrikhalle oder Kirche lässt sich nach dem gleichen Schema ausleuchten. Die Aufhellung der vom Hauptlicht verursachten Schatten braucht natürlich nur dort wirksam zu sein, wo die Schauspieler agieren. Ebenso ist es mit dem Spitzlicht, das von der der Kamera gegenüberliegenden Seite auf die Köpfe der Schauspieler scheint. Es ist ein erheblicher Aufwand, eine Kirche für eine Totale auszuleuchten. Die Lampen müssen in großer Höhe montiert werden, wofür aber die Stative zu niedrig sind. Für solche Fälle lässt sich der 100-kW-Scheinwerfer, der auf einem LKW-Steiger montiert ist, einsetzen. Es gibt auch andere Systeme, die so ähnlich wie ein Flutlichtmast im Fußballstadion aussehen. Die montierte Lichteinheit besteht aus 25 einzelnen Scheinwerfern, von denen jeder separat verstellbar ist. Mit diesen Geräten lässt sich relativ einfach von außen durch die Fenster leuchten.[35]

---

35 Die Feuerwehr und der Straßenbau besitzen ähnliche Geräte. Inwieweit man sie für Filmaufnahmen einsetzen kann, konnte ich noch nicht testen.

Lichtgestaltung in Innenräumen

Für die Nah- und Großeinstellungen braucht dann nur noch, wenn gewünscht, aufgehellt und die Spitze gesetzt werden.

Es gibt noch eine weitere Möglichkeit, eine Kirche oder Werkhalle auszuleuchten: Das Licht kommt nicht von oben, sondern von unten beziehungsweise aus Augenhöhe. Viele kleine 100- und 200- bis 500-W-Kunstlicht-Stufenlinsenscheinwerfer, die Lichtinseln bilden, werden hinter Mauervorsprüngen, Säulen, Bänken, Einrichtungsgegenständen, Maschinen und so weiter versteckt. Durch die Aufteilung des Raumes in viele Helldunkelzonen erzeugt man eine sehr reizvolle Tiefenstaffelung im Bild. In der Totalen dürfen die Schauspieler diesen Lichtquellen allerdings nicht zu nahe kommen, da sonst der Zuschauer durch die starke Helligkeitsänderung erkennt: »Aha, da steht eine Lampe.« Mittlerweile bezeichnet man diese Art der Ausleuchtung, in Anlehnung an den Malereistil, als *pointillistisch*.

In einer Fabrikhalle herrscht meistens eine höhere Grundhelligkeit als meinethalben in einer Kirche. Oft reicht dieses Lichtniveau für eine Belichtung schon aus, es geht hier dann nur noch darum, mit zusätzlichen Scheinwerfern Akzente zu setzen.

Für jede Einstellung und Kameraposition muss die Beleuchtung korrigiert werden, eine totale Einstellung hat eine andere Aussage als eine Großaufnahme. Das Gesicht muss in der Großaufnahme exakter ausgeleuchtet sein als in einem Bild, das das ganze Zimmer zeigt. Die Reihenfolge, in der die Einstellungen gedreht werden, ist auch von dem Bestreben abhängig, die Umbauaufwand möglichst gering zu halten. Soll mit mehreren Kameras gleichzeitig gedreht werden, also beispielsweise Totale und Großaufnahme zusammen, so wird natürlich die Beleuchtung schwieriger. Das Licht muss sowohl den inhaltlichen und bildgestalterischen Absichten der einen als auch denen der anderen Einstellung gerecht werden. In Atelierdekorationen lässt sich dieser Lampenaufbau leichter realisieren, da die Scheinwerfer problemlos unter der Atelierdecke zu befestigen sind. An Originaldrehorten besteht hingegen das Problem, dass Lampen, Stative und Kabel nicht so leicht zu verstecken sind.

Das Hauptlicht lässt sich bei ebenerdigen Zimmern oft durch das Fenster einbringen. Pro Fenster ist natürlich mindestens ein Scheinwerfer nötig. Die Stärke richtet sich nach der Fensterart und -größe und nach der Größe des Zimmers. Es gilt hier die Devise: Zu stark ist besser als zu schwach. Ein weiterer wichtiger Punkt: Die Strahlen des Sonnenlichts scheinen parallel ins Zimmer, beim Licht des Scheinwerfers ist das aber nicht der Fall. Um es einigermaßen wie Sonnenlicht wirken zu lassen, muss man die Lampe möglichst weit vom Fenster wegstellen. Dadurch kommt aber am Motiv auch weniger Licht an. 1,2 kW Tageslicht reicht dennoch bei einem kleinen Fensterchen aus. Für mittlere Fenster sind 2,5 bis 4 kW Tageslicht nötig. Soll man das Licht im Zimmer für das Licht eines klaren Sonnentages halten, so können 6- bis 12-kW-Tageslichtscheinwerfer zum Einsatz kommen.

XI. Lichtgestaltung in Innenräumen

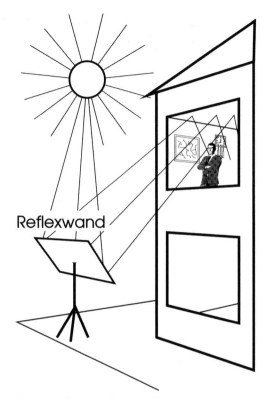

Indirektes Hauptlicht von außen. © Achim Dunker

Auch ein indirektes Hauptlicht kann von außen kommen. Entweder wird eine Lampe von außen durch das Fenster gegen die Zimmerdecke gerichtet, oder man lenkt das Sonnenlicht mit einer Reflexwand dorthin (siehe Graphik). Von dort aus strahlt Licht dann ins Zimmer. Unter die Decke kann man, der größeren Wirkung wegen, eine große Reflexionsfolie hängen. Die anderen Lichtquellen ergänzen, soweit gewünscht, auch hier das Hauptlicht.

Bei Dokumentationen und Industriefilmen ist häufig eine dramaturgisch ausgeklügelte Lichtstimmung nicht erforderlich. Oft geht man von der vorgefundenen Lichtstimmung aus und verstärkt diese. Ein einfaches, kurzes Interview lässt sich beispielsweise ausleuchten, indem man einen 1,2-kW-Tageslichtscheinwerfer gegen die weiße Zimmerdecke richtet und so ein weiches Allgemeinlicht schafft. Ob es gefällt, muss jeder für sich selbst klären, aber machbar ist es. Allerdings muss die Decke wirklich weiß sein; ist sie es nicht, kann eine ungünstige Mischlichtsituation entstehen.

Bei der Ausleuchtung von Innenräumen können unschöne Scheinwerferreflexe auf Fenstern und an hochglänzenden Metallteilen auftreten. Wenn die Tonaufnahmen es zulassen, kann man die Fenster etwas öffnen (Außengeräusche), meistens verschwinden die Reflexe durch eine Winkeländerung der Fensterfläche. Lässt sich das Problem so nicht lösen, muss man entweder den Standort der Lampe oder den der Kamera etwas ändern, den Scheinwerfer mit einer Abdeckfahne abhalten oder aber die Jalousien etwas schließen. Bei zu starken oder unschönen Reflexen auf gewölbten Chromteilen bringt eine Standortänderung nichts. Hier kann man aber Mattspray einsetzen oder auch die Stelle mit Lassoband abkleben, wenn es eine Totale ist und es nicht hauptsächlich um dieses Chromteil geht.[36]

Den Lichtaufwand und -aufbau abzuschätzen ist natürlich, wie alles andere auch, Erfahrungssache. Fehlt die Erfahrung oder Routine, so kann man sich Hilfe beim Oberbeleuchter holen. Keinem Kameramann fällt eine Zacke aus der Krone, wenn er auf die Vorschläge eines erfahrenen Oberbeleuchters eingeht. Die Beleuchter mit in das kreative Konzept einzubinden, kommt dem Film zugute und ist eines der Geheimnisse einer guten Ausleuchtung. Auch bei der Vorbesprechung und Vorbesichtigung sollte der Beleuchter dabei sein.

Nachtaufnahmen in Innenräumen

Eine Nachtstimmung entsteht durch große Schattenflächen und dadurch, dass die künstlichen Lichtquellen (Kerze, Kaminfeuer, Stehlampe oder Ähnliches) im Bild sind. Auch dunkle Fenster signalisieren dem Zuschauer, dass die Szene abends oder nachts spielt. Gernot Roll sagte im Interview dazu, man müsse mit einer Art von Helligkeit zeigen, dass es dunkel ist (Seite 167). Aber so merkwürdig ist das gar nicht, denn wo Menschen sind, ist normalerweise immer eine Art von Licht. Was im Folgenden über den Aufbau einer Nacht- beziehungsweise Abendstimmung gesagt wird, knüpft an die Ausführungen in Kapitel VIII über *Lichtgestaltung* an.

Bei einer Nachtaufnahme ist es wichtig zu zeigen, wo das Licht herkommt, beispielsweise von einem Kerzenleuchter oder einer Schreibtischlampe. Der Licht- und Farbcharakter wird mit Scheinwerfern nachgemacht beziehungsweise verstärkt. Auch hier kann man die Ausleuchtung durch Aufhellung und Spitzlicht ergänzen. Das Raumlicht könnte wieder von weiteren sichtbaren und verstärkten Lichtquellen kommen. Wie groß die Schattenflächen und wie stark die Kontraste sind, muss jeder Kameramann nach der Story und dem Filmstil in Zusammenarbeit mit dem Regisseur entscheiden.

---

36 Zu erwünschten Reflexen siehe Seite 106.

XI. Lichtgestaltung in Innenräumen

Die optische Glaubwürdigkeit einer Nachtstimmung, also das Ergebnis, dass der Zuschauer das Bild als eine Nachtaufnahme versteht, entsteht auch durch den Filmschnitt. Wenn der Innenaufnahme eine nächtliche Außenaufnahme vorangegangen ist und die Handlung ohne zeitlichen Bruch weitergeht, so ist dem Zuschauer klar, dass die Szene auch nachts spielt. Sehr viel wichtiger als die Überlegung »Tag oder Nacht« ist der emotionale Hintergrund der Szene. Die Nachtszene wird ja nicht deshalb gedreht, weil die Tageszeit nicht ausgereicht hat, um die Geschichte zu erzählen, sondern weil, ganz pauschal, die Menschen nachts anders sind, andere Dinge tun und weil Nachtaufnahmen oft die Spannung erhöhen. Der knallharte Detektiv, der tagsüber niemanden emotional an sich heran lässt, sitzt abends einsam und verlassen in seinem Appartement. Diese Einsamkeit darzustellen, ist die eigentliche Aufgabe des Lichts und nicht so sehr die Zuordnung ›abends‹. Die Information ›abends‹ entsteht schon durch dunkle Fensterflächen, die einmal in der Totalen gezeigt werden können. Der Eindruck der Einsamkeit und Verlassenheit lässt sich vielleicht dadurch erzielen, dass man die Räume hell, kalt und möglichst schattenlos ausleuchtet, also dem Zuschauer die ›normale‹, gemütliche Feierabendstimmung nicht zeigt.

Auch das, was Personen tun, hat des Nachts eine andere Wertigkeit. Eine Frau, die tagsüber an einer Nähmaschine sitzt, kann dies aus vielerlei Gründen tun. Soll die Näharbeit aber ein Indiz für ihre materielle Not sein, so wird die Handlungszeit in die Nachtstunden verlegt. Das Licht unterstreicht hier die ärmliche Situation. Vielleicht kommt es von einer einzigen Lampe und beleuchtet nur die Näharbeit und einen kleinen Teil des Gesichtes.

Beide Beispiele zeigen wieder, dass das Stilmittel Licht nur im Zusammenhang mit den anderen Stilmitteln des Films funktioniert. Ob die Ausleuchtung Gemütlichkeit oder Ärmlichkeit signalisiert, hängt von vielen anderen Faktoren mit ab, zum Beispiel von der Ausstattung, von Kostüm und Maske.

Nachtstimmungen in großen Dekorationen, beispielsweise großen Zimmern, Fabrikhallen oder Kirchen, lassen sich wie bereits erwähnt ebenfalls mit vielen kleinen 100-W-Stufenlinsenscheinwerfern erzeugen, die hinter Maschinen, Bänken, in Nischen und hinter Möbeln versteckt werden und selbst nicht zu sehen sind. Das Set wird mit diesen Lampen punktuell beleuchtet, die Dekoration erhält so eine sehr reizvolle Dunkelhellverteilung. Die Frage der Lichtgestaltung in Innenräumen bei Tag oder bei Nacht war einer der Schwerpunkte, denen ich in den noch folgenden Interviews nachgegangen bin.

Anregung

Gestalten Sie aus der bekannten Büroszene eine Nachtaufnahme. Das Hauptlicht kann von einer sichtbaren Schreibtischlampe herrühren, welches von der Tischplatte auf das Gesicht reflektiert wird. Wenn die Lichtleistung der Lampe nicht ausreicht, so muss man von außerhalb mit einem gerichteten 800-W-Scheinwerfer nachhelfen. Auf die Aufhellung kann verzichtet werden. Das Spitzlicht ist hier sehr wichtig, um den Darsteller vom Hintergrund zu lösen und dem Bild Tiefe zu geben, allerdings kann es schwach sein. Das Hintergrundlicht kann ein farbiges Effektlicht sein, das vielleicht die blinkende Leuchtreklame der Bar von gegenüber darstellt. Ein solcher Aufbau wurde zwar an anderer Stelle als veraltetes Stilmittel beschrieben, ist aber dennoch eine gute Übung.

XII. Lichtgestaltung bei Außenaufnahmen

In der alten Fotoamateur-Weisheit »Hast du die Sonne im Rücken, kannst du auf den Auslöser drücken« steckt viel Wahres. Außenaufnahmen haben nur bei Sonnenlicht Brillanz. Bei diesigem Wetter wirken die Einstellungen vielfach matschig und flach. *Matschig* ist der Jargonausdruck für kontrastlos. Werbespots werden, der sicheren Sonne wegen, oft in südlichen Ländern gedreht. Bei der Aufnahme eines parkenden PKWs lässt sich die nötige Brillanz mit Tageslichtscheinwerfern erreichen. Soll dagegen das Auto während der Fahrt gezeigt werden, so heißt es, auf die Sonne zu warten.

Der Spruch über »die Sonne im Rücken« ist aber natürlich nicht die ganze Wahrheit. Jost Vacano verkehrte ihn in sein Gegenteil: »Hast du die Sonne im Rücken, nichts wird dir glücken!«

Scheint die Sonne aus der Richtung der Kamera auf das Set, so sind die Schatten so gut wie nicht sichtbar. Dies hat zur Folge, dass das Bild flach wirkt. Darüber hinaus ist beim Spielfilm natürlich nicht nur Sonne gefragt. Je nach Drehbuch kommen auch trübe Tage vor, also wolkenverhangener Himmel, Regen, Schnee oder Nebel. Dass das Bild matschig, kontrastlos und unattraktiv aussieht, kann die Story fordern. Sonniges Licht wirkt immer positiv und kann der Aussageabsicht der Geschichte in fataler Weise widersprechen.

Daher bevorzugen Kameraleute für viele Situationen einen bedeckten Himmel. Der Grund ist einfach, es herrscht eine gleichmäßige, kontrastarme, weitgehendst schattenfreie Grundhelligkeit. Und alles das, was laut Drehbuch gefordert ist, lässt sich von dieser Situation ausgehend gut herstellen. Die Sonne lassen Tageslichtscheinwerfer scheinen, Regen macht die Feuerwehr, Nebel kommt aus der Maschine und der Schnee, ähnlich wie bei Frau Holle, von der Special-Effects-Crew. Regnet es tatsächlich, so lässt sich der Eindruck eines grauen Regentages durch zusätzliches Scheinwerferlicht in den eines heiteren, kurzen, erfrischenden und sonnigen Sommerregenschauers verwandeln. Beim Einsatz als ›Sonne‹ hängt die Stärke der Tageslichtscheinwerfer von der Einstellungsgröße ab. Großaufnahme oder Panoramatotale, das ist hier die Frage. Um bei einer Halbnaheinstellung von zwei stehenden Personen einen Sonnenlichtcharakter zu erzeugen, reicht ein 2,5-kW-Tageslichtscheinwerfer aus. Steigen die Darsteller in ein Auto und fahren weg, so ist für diese Totaleinstellung ein 6-kW-Tageslichtscheinwerfer erforderlich. Wird die Totale noch ausgedehnter, so kann es nötig werden, einen oder mehrere 12 oder 18-kW-Tageslichtscheinwerfer einzusetzen. Wenn nicht gar das 100 kW Teil. Auch gilt hier der Satz: Es gibt keine zu starken Scheinwerfer, sondern nur zu schwache. Die Tageslichtscheinwerfer bringen keine übermäßige, zusätzliche

XII. Lichtgestaltung bei Außenaufnahmen

Helligkeit; das direkte, harte Licht erzeugt lediglich die Brillanz. Leistungsstarke Scheinwerfer haben den Vorteil, dass die Distanz zwischen Scheinwerfer und den Objekten vergrößert werden kann.

Scheint die Sonne, müssen möglicherweise die Schatten aufgehellt werden. Hierzu eignen sich wieder starke Tageslichteinheiten von mindestens 4 kW und mehr. Günstiger sind manchmal Silberblenden, da sie bei Bewegungen der Darsteller leichter nachgeführt werden können. Allerdings können die Silberblenden aufgrund des Reflexionsgesetzes »Einfallswinkel ist gleich Ausfallswinkel« nicht an jedem beliebigen Platz angebracht werden und das Licht in die gewünschte Richtung lenken. Farbige Reflektoren würden wie Filter wirken, das Aufhelllicht hätte dann eine andere Lichtfarbe. Da es sich aber um reflektiertes Sonnenlicht handelt, kann bei einer weißen oder silbrigen Oberfläche kein Mischlicht entstehen.

Der amerikanische Kameramann James Wong Howe, erzählte folgende Geschichte: Bei einem Western sollte eine Totale von einem Berg und die Silhouette des Darstellers gegen den Himmel gedreht werden. Da im Prinzip nur ein ›subjektiver Blick‹ des Protagonisten geplant war, verzichtete man darauf, die schweren Silberblenden, die damals noch aus Blech waren, mit auf den Berg zu schleppen. Als es noch keine leistungsstarken, portablen Generatoren gab, waren diese Reflektoren die einzige Möglichkeit im sehr sonnigen Arizona, die starken Schlagschatten aufzuhellen.

Nachdem die Einstellung der Silhouette im Kasten war, bat der Regisseur mit Bedauern entgegen der ursprünglichen Absicht, dass es doch schön wäre, eine Großaufnahme des Gesichts aufzunehmen. Da der Weg zurück zu weit war und es zu lange gedauert hätte, das nötige Material herbeizuschaffen, kam James Wong Howe auf die Idee, die zahlreichen Blech- Kaffeebecher als Reflektoren zu nutzen. So mussten vier bis fünf Assistenten in jeder Hand ein paar Becher haltend, ins Gesicht des Darstellers leuchten. Da sie die Becher natürlich nicht ruhig halten konnten, erschien das Licht so, als käme es durch Blätter eines Baumes. Diese unerwarteten Improvisationen waren für James Wong Howe, eine kreative Herausforderung, die dem Film -Look etwas Frisches und Neues gab.

Steht die Sonne im Zenit, werden die Augen der Schauspieler zu dunklen Höhlen. In tropischen Ländern scheint die Sonne mittags senkrecht vom Himmel. Es ist der gleiche Effekt, der auch bei der Porträtausleuchtung zu beobachten war, wenn das Hauptlicht zu hoch stand.[37] Man kann diese Augenschatten mit einem starken Tageslichtscheinwerfer von etwa 4 kW von vorne aufhellen. Oft ist die Beleuchtungsstärke der Sonne so hoch, dass noch stärkere Scheinwerfer eingesetzt werden müssen. Wenn die Einstellung nicht zu total ist, wird die Sonne mit

---

37 Vgl. Seite 60.

Lichtgestaltung bei Außenaufnahmen

Leichte Reflektoren auf Gewebebasis. Gibt es in fast jeder Größe.
© California Sunbounce

einem großen Butterfly oder Flieger abgedeckt. Für Außenstehende sieht es bei den Dreharbeiten dann so aus, als spiele die Szene unter einem Baldachin. Dieses dünne Gewebe, ähnlich der Fallschirmseide, ist natürlich auf dem späteren Filmbild nicht zu sehen, es wirkt wie ein Diffusor. Das Führungslicht kommt nun wieder von einem starken Tageslichtscheinwerfer. Die Schatten werden wahrscheinlich vom diffusen Sonnenlicht aufgehellt. Eventuell kann man noch ein Spitzlicht von hinten einbringen, um Glanz auf den Haaren zu erzeugen.

XII. Lichtgestaltung bei Außenaufnahmen

Das Sonnenlicht wird mit einem künstlichen Blätterdach etwas gemildert.
© California Sunbounce

Das Abdecken des Sonnenlichts wird noch aus anderen Gründen vorgenommen: So ist auch für eine kurze Einstellungsfolge die Aufbau-, Proben und Drehzeit oft sehr lang. Damit die Bilder aber beim späteren Schnitt vom Licht her auch aneinanderpassen, ist es wichtig, dass sich der Sonnenstand nicht verändert hat.

Nehmen wir an, es geht um eine Szene, die unter einem Baum spielt, durch dessen Zweige die Sonne scheint, beispielsweise ein Picknick an einem Sommertag. Die Sonne und ein großer Teil des grünlichen Streulichts der Blätter sind mit einem Butterfly abgedeckt. Auch die Wiese muss mit einem weißen Tuch abgedeckt werden, da sonst das Streulicht von unten kommt.[38] Für das Hauptlicht kommt wieder ein Tageslichtstufenlinsenscheinwerfer zum Einsatz. Mit einem oder mehreren abgeschnittenen Zweigen werden auf die Gesichter und Kleider kleine Blätterschatten projiziert. Die Aufhellung wäre hier, wenn überhaupt nötig, sehr diffus und nicht besonders stark. Das Spitzlicht, wenn gewünscht, könnte etwas gelb getönt sein, damit es den sonnigen Charakter der Szene unterstützt.

Neben den Schatten ändern sich mit dem Lauf der Sonne auch die Farben. Mittags tendiert das Licht zu Blau, morgens und abends dagegen mehr zu Rot.

---
38 Vgl. Kapitel X. Mischlicht, Seite 81 ff.

Lichtgestaltung bei Außenaufnahmen

Durch den flacheren Winkel des Sonnenlichts am Morgen und am Abend wird der Weg des Lichts durch die Atmosphäre länger, das heißt, der atmosphärische Filter wird dichter und der Blauanteil des Sonnenlichts geringer. Diese Farbunterschiede müssen schon bei der Aufnahme mit den entsprechenden Filtern ausgeglichen werden.[39] Bei Videokameras kann das über den Weißabgleich korrigiert werden. Wird diese Korrektur nicht vorgenommen, so kann es sein, dass zwei Einstellungen, beispielsweise eine Nahaufnahme und eine Großeinstellung eines Schauspielers, von der Farbe her beim Filmschnitt nicht zusammenpassen, weil bei der Aufnahme sich die Lichtfarbe geändert hat (vgl. auch Seite 82f.). Zur Lichtgestaltung gehört natürlich auch, dass man vor Drehbeginn bei einer Ortsbesichtigung die vom Sonnenstand her günstigste Zeit ermittelt. Ganz besonders wichtig ist dies bei Ansichten von Gebäuden, Plätzen, Straßen und Landschaften. Der Charakter der Farben und die Plastizität ändern sich im Laufe des Tages. Ein kleiner Kompass (Geschenktipp für Weihnachten) leistet da ganz gute Dienste. Um den Gabentisch noch weiter zu füllen, sei das gute alte *Pan-* oder *Kontrastglas* der Schwarzweißfotografie empfohlen. Bei einem so genannten 6/8 Himmel (sechs Teile Wolken, zwei Teile Blau) lässt sich durch das dunkle Glas der Zug der Wolken beobachten. Dadurch sind kurzfristige Wettervorhersagen etwa in der Art möglich:»Nur noch eine Wolke. In einer Minute können wir drehen. Achtung, alles auf die Plätze.«

Die eigentliche Aufgabe dieses neutralgrauen, zwei oder gar drei Blenden schluckenden Glases besteht jedoch darin, dem Auge die Kontraste so wiederzugeben, wie das Filmmaterial sie aufnimmt. Die Pupille wird gezwungen, sich weiter zu öffnen. Selbst bei den hellen Bildteilen ist nun die Blende des Auges (Pupille) weit auf und kann sich bei den dunklen Bildteilen nicht mehr weiter öffnen. Es sind dann keine Details in den Schattenflächen mehr wahrnehmbar. Man kann so erkennen, wie stark die Schatten aufgehellt werden müssen. Auch mit einem Stückchen ND9-Folie lässt sich diese Methode leicht ausprobieren.

Bei Landschaftsaufnahmen ist oft der Himmel zu hell, er überstrahlt. Auch ist er, wenn nur einfarbig weiß oder blau, vom bildlichen Eindruck her zu langweilig. Die Antwort auf dieses Problem ist ein *Verlauffilter* vor dem Objektiv. Der Filter ist bis zur Hälfte leicht grau oder farbig eingefärbt, zu helle Bildpartien lassen sich damit abhalten. Der Himmel beziehungsweise die Wolken erhalten dadurch eine gewisse Dramatik. In Werbespots wird dieser Effekt sehr häufig übertrieben, das heißt für den Zuschauer sichtbar eingesetzt. Die Wirkung können Sie leicht studieren: Nehmen Sie ein kleines Stück Fensterglas, und schwärzen Sie den oberen Rand vorsichtig über einer Kerzenflamme. Wichtig ist ein Übergangsbereich von etwa 2 cm, in dem die Schwärzung gleichmäßig dichter wird. Die optische Qua-

---

39   Vgl. Kapitel IX. Farbtemperatur, Seite 78f.

XII. Lichtgestaltung bei Außenaufnahmen

lität dieses Filters reicht zwar nicht für professionelle Aufnahmen aus, aber der Effekt eines sonst recht teuren Verlauffilters lässt sich so ganz gut erkennen.

Bei der Lichtgestaltung bei Außenaufnahmen geht es hauptsächlich darum, die ›Unvollkommenheit‹ des natürlichen Lichts für den Film zu erkennen und auszugleichen, denn Licht selbst ist ja genügend vorhanden. Wie stark dieser Ausgleich erfolgt, bleibt jedem selbst überlassen. Bei Dokumentationen verzichtet man häufig darauf, die Schatten durch Scheinwerfer aufzuhellen, um den Aufwand gering zu halten, denn nicht nur die starken Scheinwerfer müssen besorgt und bezahlt werden, sondern oft auch noch die Generatoren, um den erforderlichen Strom zu erzeugen.

In alten Schwarzweiß- und Farbfilmen sind Straßen-, Park-, und Waldszenen oft in nachgebauten Studiodekorationen gedreht worden. Dies waren nicht nur Halbnah- und Naheinstellungen, sondern auch ausgedehnte Totalen mit fahrenden Autos, Pferdefuhrwerken und Dutzenden von Statisten. Durch die oft sichtbaren Mehrfachschatten sind diese ›Außenaufnahmen‹ leicht als Studioeinstellungen zu erkennen. Meines Wissens werden heute nur noch für Science-fiction- und Fantasyfilme Landschaften in Studios nachgebaut.

Das Glück des Mutigen

Gerade bei Außenaufnahmen ist es wichtig, dass man für die natürliche Lichtstimmung offen ist. Man entwickelt am Schreibtisch oder in der Vorbesprechung eine bestimmte Vorstellung, fixiert diese im Drehbuch und geht damit ans Set. Trifft man die Stimmung nicht an, vielleicht regnet es, obwohl Sonne geplant war, so kann man entweder auf Sonnenschein warten oder ihn künstlich herstellen. Oder aber man improvisiert auf der Grundlage des Drehbuches. Oft sind beeindruckende filmische Bilder aus der Not der Situation entstanden. Man muss den Mut aufbringen, eine zärtliche, gefühlvolle, romantische Szene zwischen zwei Menschen bei strömendem Regen zu drehen, auch wenn man ursprünglich nur an eine Frühlingsstimmung gedacht hat. Der Kontrast zwischen Licht und Handlung hat auch seinen Reiz. Oder aber, wenn es möglich ist, man verlegt die Handlungszeit. Anstelle eines trüben Regentages zeigt man einen regnerischen Abend. Der regnerische Abend mit stark farbigem Mischlicht und Reflexen auf dem nassen Asphalt wirkt nicht so trist wie der regnerische Tag. Schaut man sich die Kinofilme daraufhin an, so kann man den Eindruck gewinnen, es regnet fast ausschließlich nachts. Meistens ist dies kein natürlicher Regen, sondern der von der Feuerwehr. Mut ist die eine Seite der Medaille. Die andere ist die, dass die Produktionsbedingungen den Machern oft keine andere Wahl lassen, als mutig zu sein.

Anregung

Probieren Sie die Wirkung von Silberblenden[40] und Tageslichtscheinwerfern bei einer Schattenaufhellung aus. Für diesen Versuch reicht, der leichteren Handhabe wegen, ein Scheinwerfer von 1,2 kW aus. Testen Sie auch, wie sich die Brillanz bei einem diesigen Tag durch das Scheinwerferlicht verbessern lässt.

Nächtliche Außenaufnahmen

Der Zuschauer erwartet von einer Nachtszene, dass der Anteil schwarzer, detailloser Bildteile zunimmt; dies kann beispielsweise der schwarze Nachthimmel sein. Man kann sich nun einfach auf die bildwichtigen Teile beschränken und den Rest des Bildes erbarmungslos im Dunkeln *absaufen* lassen. Um die Spannung bei einzelnen Szenen zu steigern, ist es natürlich auch denkbar, anstelle der eigentlich wichtigen Bildteile die unwichtigen zu zeigen. Ein Beispiel hierfür wäre wieder die Eingangsszene von Crossfire, die in Kapitel III (Seite 21) beschrieben wurde. Für eine Nachtstimmung gilt: Die Lichtgestaltung wird auf das Hauptlicht reduziert, ergänzt vielleicht nur durch eine Spitze. Dieses Nachtlicht gestaltet das Vollmondlicht oder das Licht vertrauter künstlicher Lichtquellen, wie zum Beispiel Straßenlaternen oder erleuchtete Schaufenster, in Qualität und Farbe nach. Es kann sogar sein, dass das Originallicht dieser Quellen ausreicht, um die Szene auszuleuchten. Aber auch *Pointillismus* ist hier möglich. Ähnlich wie eine Innenaufnahme mit vielen kleinen, über die gesamte Dekoration verteilten Scheinwerfereinheiten lässt sich auch eine Straße, ein Platz oder beispielsweise eine Hafenanlage ausleuchten. Je nach Lichtstimmung werden 575-W-, 1,2-kW- oder stärkere Tageslichtscheinwerfer verteilt, die das Gelände partiell ausleuchten. Als besondere Effekte werden oft Regen oder Nebel eingebracht. Der künstliche Nebel aus einer Nebelmaschine hat zudem den Vorteil, dass man bei einer Totalen mit kleineren Lampen auskommt. Der Nebel leuchtet sehr gut im Licht und kann einer ausgedehnten Totale eine optische Tiefenstaffelung geben.

Der schon erwähnte Licht-Truck (vgl. Seite 88) eignet sich natürlich auch hervorragend, um Plätze und Straßen des Nachts auszuleuchten. Mit einem oder mehreren Ballon Lights oder dem Gerät der Feuerwehr ist das sicher auch möglich. Groß- oder Nahaufnahmen werden auch des Nachts wie in Kapitel XI beschrieben ausgeleuchtet.

Ein Verfahren, Nachtaufnahmen zu machen, bei denen man alles erkennen kann, ist die *Amerikanische Nacht*. François Truffaut hat diese Technik wunderbar in

---

40   Wie sich eine Silberblende herstellen lässt, ist auf Seite 49 beschrieben.

XII. Lichtgestaltung bei Außenaufnahmen

seinem gleichnamigen Film erklärt. Die Einstellung wird bei starkem Sonnenlicht gedreht, etwas unterbelichtet, die Schatten werden nicht aufgehellt und eventuell zusätzlich durch einen Blaufilter eingefärbt. *Amerikanische Nächte* sind nach meiner Einschätzung nur noch selten in neueren Filmen zu sehen. Ein Grund ist, dass die Technik es heute ermöglicht, direkt bei Nacht zu drehen. Der zweite Grund liegt im Genre. Dort, wo Filme heutzutage spielen, sind des Nachts immer künstliche Lichtquellen vorhanden, die man nutzen kann. Eine der wenigen Ausnahmen sind Westernszenen, die in der freien Prärie spielen; vom Lagerfeuer und der Petroleumhandlampe abgesehen, gibt es dort keine künstlichen Lichtquellen. Mit dem oben beschriebenen Verfahren soll das Vollmondlicht nachgeahmt werden. Heutzutage werden jedoch nur noch vereinzelt Western gedreht. Eine ausgedehnte nächtliche Szenenfolge mit mehreren Totalen in der Prärie würde man aber wahrscheinlich auch heute noch mit diesem Verfahren drehen, da das natürliche Mondlicht nicht ausreicht. Außerdem ist ja bekanntermaßen nur alle 28 Tage Vollmond, und dann ist es nicht sicher, ob die Nacht wirklich klar ist.

Um eine einzelne Totale zu drehen, wartet man die *Blaue Stunde (engl. magic hour)* ab, den Übergang zwischen Tag und Nacht. Die Sonne ist schon unter- oder noch nicht aufgegangen, und die Szenerie wird nur vom Himmelslicht beleuchtet. Der Himmel hat Zeichnung und ist tiefblau, das heißt, er ist nicht kohlrabenschwarz. Sind Lichtquellen im Bild vorhanden, so sind nicht nur sie als solche gut zu erkennen, sondern auch ihr Lichtschein sowie das, was sie beleuchten. Die Schatten werden vom Himmelslicht minimal aufgehellt, so dass man auch hier noch Details erkennen kann. Das Bild hat akzeptable Kontraste. Für Video ist die Blaue Stunde zurzeit die einzige Möglichkeit, zu technisch einwandfreien Nachtaufnahmen zu kommen.

Die zeitliche Dauer dieser Stunde hängt von der jeweiligen geographischen Lage und der Jahreszeit ab. Je weiter nördlich beziehungsweise südlich man sich befindet, umso länger ist sie. In der Nähe des Polarkreises und darüber hinaus kann sie mehrere Stunden oder sogar Tage dauern. Zur Mittsommernacht und während der Polarnacht fällt sie hingegen ganz aus, da die Sonne nicht unter- beziehungsweise aufgeht. Am Äquator sind es nur wenige Minuten, es ist, als würde die Sonne mit einem Schalter ausgemacht. Der Grund liegt in der Neigung der Erdachse. Zu den Polen hin verläuft die Bahn der Sonne – natürlich immer von der Erde aus gesehen – flacher. Die Sonne entfernt sich bei einer flacheren Bahn langsamer vom Horizont, das heißt, sie verharrt länger unterhalb des Horizonts.

In der Astronomie und in der astronomischen Navigation heißt die Blaue Stunde *bürgerliche Dämmerung.* Das ist der Winkelbereich zwischen Horizont und Sonne von 0° (Sonnenuntergang) bis -6°. Die Sonne befindet sich 6° unter dem Horizont. Zu diesem Zeitpunkt sind noch keine Sterne zu sehen. An diese Phase schließt sich die nautische Dämmerung an von -6° bis 12°. Es sind die hellsten Sterne und der Horizont zusehen, die Grundvoraussetzung für eine astronomische Standortbestimmung. Danach tritt die astronomische Dämmerung ein von -12° bis -18°. In dieser Dämmerungsphase ist der Horizont nicht mehr zu erkennen und danach ist es »dunkle Nacht«. Innerhalb dieser max. 18° muss die Filmcrew morgens oder abends ihre Aufnahmen in den Kasten bekommen. Warum lege ich das jetzt so ausführlich dar? Eine minutengenaue Planung ist für diese Aufnahmen die Grundvoraussetzung, denn wer steht schon gerne morgens um 3 Uhr vergeblich auf... Es gibt übrigens Computerprogramme, so genannte *Planetarien*, mit denen diese Dämmerungsphasen für jeden Punkt der Erde und für jedes Datum exakt abgerufen werden können.

Da sich das Licht während der Blauen Stunde aber kontinuierlich ändert, muss man auf den optimalen Moment hundertprozentig vorbereitet sein. Auch sollte man sich vorher schon filmische Alternativen überlegen, wenn man es nicht in der Blauen Stunde schafft. Statt der erhofften Panoramatotalen dreht man vielleicht nur eine halbtotale Einstellung, die man mit Tageslichtscheinwerfern ausleuchtet.

An diesigen, matschigen Tagen hat die Blaue Stunde oft ein außergewöhnlich schönes Licht. Sollte an diesem Tag vielleicht etwas in einer Sonnenlichtstimmung gedreht werden, so kann man den Versuch wagen, es stattdessen in der reizvollen Stimmung der Dämmerung nachzuholen. Häuser, Ladenlokale, Straßen und Plätze wirken mit erleuchteten Fenstern und Laternen während der Blauen Stunde besonders ansprechend.

Das Drehen bei sehr wenig Licht wird durch Highspeed-Filmmaterial und -Optiken ermöglicht. Highspeed-Filmmaterial ist hochempfindliches Filmmaterial von 500 ASA oder mehr. Highspeed-Optiken sind besonders lichtstarke Objektive.

Die Frage der Nachtausleuchtungen und Nachtstimmungen bei Außenaufnahmen ist ein weiterer Schwerpunkt in den Interviews.

Anregung

Fertigen Sie eine Fotoserie von dem Verlauf der Blauen Stunde an. Das Objekt sollte über eigene, künstliche Lichtquellen verfügen, und der Himmel müsste natürlich auch zu sehen sein. Zur Lichtanalyse möchte ich Ihnen den Film New Yorker Geschichten empfehlen. In dem Film werden drei Episoden von drei Regisseuren erzählt. Die Regisseure sind Martin Scorsese, Francis Coppola und Woody Allen. Als Kameraleute waren engagiert: Nestor Almendros, Vittorio Storaro und Sven Nykvist. Der Film bietet die Chance, drei unterschiedliche Handschriften im direkten Vergleich zu studieren.

XIII. Werbespots

1. Packshot

Ein *Packshot* ist die Einstellung in einem Werbespot, in der das betreffende Produkt zu sehen ist, bildfüllend, dominant und ohne störende Bewegung drum herum, die von der Sache ablenken könnte. Meistens krönen die Macher ihren Spot damit zum Schluss. Einen Werbespot beziehungsweise einen Packshot zur Zufriedenheit der Werbeagentur und der Auftraggeber auszuleuchten, ist keine leichte Geschichte. Es ist Spezialistensache. Kameraleute, die das beherrschen, haben die höchsten Tagesgagen. Neben Kreativität und großem handwerklichen Können ist auch ein international bekannter Name erforderlich. Manchmal sieht es so aus, als ob dieses letzte Kriterium das wichtigere wäre. Da Werbespots meistens eine kurze Drehzeit von ein, zwei Tagen haben, fallen ein paar Tausender mehr an Tagesgage nicht so ins Gewicht. Oft werden einem Star-Kameramann auch kostspielige Produktionsmittel (mehr Zeit, ein großes Studio, alle gewünschten Lampen, mehrere Beleuchter, sonnige Drehorte in Übersee und so weiter) ohne Frage zur Verfügung gestellt, von denen ein ›normaler‹ Kameramann nicht einmal zu träumen wagt.

Es gibt Werbeagenturen und Werbefilmproduktionen, die sich damit rühmen, nur amerikanische oder englische Kameraleute einzusetzen: »Die sind einfach besser«, heißt es dann. Man braucht halt Stars. Ob die wirklich besser sind, wer will das beurteilen? Nicht zu vergessen: Klappern gehört zum Handwerk!

Es gibt Kameraleute, die sich auf ein bestimmtes Produkt spezialisiert haben, zum Beispiel auf Autos oder Lebensmittel. Sie verfügen dann aufgrund der jahrelangen Übung unbestreitbar über ein großes Know-how und sind oft stilprägend.

2. Präparation des Produkts

Etwas überspitzt könnte man sagen: Nichts ist so, wie es scheint, dafür ist *Präparation* nahezu alles. Die Eiswürfel im Whisky sind aus Glas, die Oberflächen von glänzenden, gerade ›gereinigten‹ Küchenmöbeln sind besonders beschichtet, Gemüse wird in sehr starkem Salzwasser gekocht, damit es seine frische, grüne Farbe behält. ›Kondenswasser‹ wird mit der Spritzflasche aufgebracht, damit die Äpfel, Birnen und Apfelsinen kühl und frisch aussehen. Bei einem Glas Pils ist das ebenso. Das Bier muss allerdings warm sein, denn wenn es so kalt ist, dass sich von allein Kondenswasser am Glas bildet, gelingt der Schaum nicht mehr, und Bier ohne Schaum wirkt schal. Auch die Stelle, an der der Wassertropfen herunter läuft, ist mit Glyzerin ›vorgezeichnet‹. Die Frau mit der, laut Werbeaussage, »speziellen Haut ab dreißig«, ist noch keine zwanzig. Für männliche Darsteller gilt übrigens das Gleiche, auch sie sind oft erschreckend jung für das, was sie darstellen.

Hier ist in erster Linie das Know-how von Stylisten und Kameramännern gefragt, die Dinge so zu präparieren, dass die Eigenschaften, die die Produkte haben oder haben sollen, auch rüberkommen.

3. Lichtstimmungen

Die Lichtstimmungen sind in den allermeisten Fällen hell und freundlich, die Darsteller sind glücklich und überzeugt. Um es anders zu formulieren, alles ist ›locker-flockig-Sonnenstudio-kalorienarm‹, mit einem Wort: cool!

Von dieser Stimmung wird eigentlich nur dann abgewichen, wenn Spielfilmgenres zitiert werden, zum Beispiel wenn ein Spot wie ein Kriminalfilm der schwarzen Serie aussieht.

Neben Licht und Schatten, die ja die Lichtstimmung ausmachen, gibt es bei Sachaufnahmen noch zwei weitere Elemente, die das Bild mitprägen: erwünschte Reflexe und Spiegelungen.

4. Reflex

Ein Reflex ist die Stelle an einem Objekt, von der aus direktes Licht in das Kameraobjektiv zurückgeworfen wird. Ein Reflex spricht für die Materialqualität und gibt dem Objekt etwas ›Wertvolles‹. Auch in der Computergraphik und -animation werden diese Reflexe künstlich vom Rechner nach Anweisung des Operators erzeugt, um Logos und Signets metallisch und edel aussehen zu lassen.

Für einen Reflex braucht man ein relativ starkes, direktes Licht, das im richtigen Winkel zur Kamera auf das Objekt scheint (Einfallswinkel ist gleich Ausfallswinkel). Die Stelle am Objekt muss eventuell präpariert werden, damit sie ›natürliche‹ reflektierende Eigenschaften bekommt, oder man bringt ganz ›offiziell‹ Lichtquellen ins Bild, wie beispielsweise bei einer Showausleuchtung. Zur Erzielung des Sterneffekts wird zusätzlich vor das Objektiv ein *Starcrossfilter* gesetzt. Es gibt sie in verschiedenen Ausführungen; die Anzahl der sich kreuzenden Linien bestimmt die Anzahl der Strahlen. Bewegt man die den Reflex verursachende Lampe, so wandert der Reflex. Dies steigert die Aufmerksamkeit des Zuschauers. Wird währenddessen der Starcrossfilter noch gedreht, so drehen sich die Strahlen im Bild, und der Auftraggeber ist vielleicht restlos glücklich über das wertvolle Aussehen seines Produktes. Es geschieht relativ häufig, dass man unspektakuläre Gegenstände möglichst interessant aufnehmen muss. Im Handel gibt es eine große Anzahl von unterschiedlichen Effektfiltern, die hierfür sehr hilfreich sein können.

5. Spiegelung

Schlagen Sie eine Illustrierte auf, und schauen Sie sich eine Anzeige für ein Bier an. Auf der Flasche wird links oder rechts eine relativ breite, helle Bahn vom Hals bis zum Boden laufen. Dies ist die Spiegelung einer Fläche, die bei der Aufnahme im Studio so aufgestellt und beleuchtet wurde, dass sie sich in der Flasche spiegelt. Spiegelungen dieser Art sind notwendig, ohne sie würde bei gewölbten und glänzenden Oberflächen nicht der Eindruck der Plastizität entstehen. Auch ist die Flasche über diese große, weiße Fläche weich und indirekt beleuchtet worden. Die weiße Fläche kann zum Beispiel aus einer Styroporplatte bestehen (vgl. Kapitel VII. 2, Seite 65).

Bei der Erzeugung von Spiegelungseffekten kann man zwischen Haupt- und Aufhelllicht keinen großen Unterschied erkennen, und auch die Lichtrichtung spielt keine so große Rolle – man bevorzugt ein weiches, ungerichtetes Licht. Soll beispielsweise ein technisches Gerät, wie etwa ein Videorecorder, ausgeleuchtet werden, so wird für jede sichtbare Seite des Gerätes das Licht separat und indirekt über Aufhellplatten eingebracht. Die Unterschiede in der Lichtstärke werden durch den Abstand der Lampen und durch zusätzliche Tülls ausgeglichen. Auch bei der Aufnahme einer relativ matten, schwarzen Kunststoff- oder Lackoberfläche ist es so, dass sich eine weiße Platte darin spiegelt und dem Objekt das nötige optische ›Leben‹ gibt. Die schwarze Oberfläche bekommt an dieser Stelle einen sehr edlen, weißen Schimmer. Ist eine schattenfreie Ausleuchtung gewünscht, müssen die Reflexflächen möglichst groß sein. Groß ist die Fläche aber nur dann, wenn man sehr nahe an das Objekt herangeht.

Nachdem man diese weiche Grundstimmung erzeugt hat, geht man daran, die Effekte zu setzen. Nehmen wir an, vorne auf dem Gerät prangt der Herstellername, vielleicht in silbernen Lettern. Bei der vorhandenen Beleuchtung kommt er noch nicht richtig zur Geltung. Mit einem kleinen, harten Stufenlinsenscheinwerfer wird er direkt beleuchtet. Damit aber nur auf die Schrift Licht fällt und nicht auf das ganze Gerät, werden die Torflügel der Lampe geschlossen. Reicht das nicht, wird die Lampe mit einem Tubus (einer Art ›Blechtüte‹) versehen, der den Lichtstrahl einengt. Anstelle des Tubus lässt sich auch Black-Wrap oder normale Aluminiumfolie verwenden. Wahrscheinlich müssen dann noch separate Abdeck-

XIII. Werbespots

fahnen eingebracht werden, um das Licht exakt abzukaschen, das heißt, auf den Schriftzug zu begrenzen. Sollte nun der optische Eindruck dieser silbernen Schrift nicht ausreichen, kann man versuchen, in die Schrift etwas einzuspiegeln. Ein schwarzes oder weißes Papier ist in die richtige Position zu Schrift und Kamera zu bringen, und schon sieht das Silber edel und wertvoll aus. Jetzt fehlt vielleicht noch an dem Gerät die besondere Lichtkante. Ein starker farbiger Scheinwerfer wird aufgestellt, der von hinten die hintere Kante stark beleuchtet und somit das Produkt vom Hintergrund löst. Das Licht darf aber nicht in die Kameraoptik fallen, also ist der Lichtschein vor der Kamera wieder abzudecken.

Bei einer solchen Ausleuchtung baut man sich richtig zu: Wenn es nach vier, fünf Stunden Einleuchten zur Aufnahme kommt, steht oft alles voll mit Stativen und daran befestigten Lampen, Reflektoren und Abschattern.

Grob gesagt gibt es zwei Arten von Spiegelungen: die relativ einfachen bei matten Oberflächen wie gerade eben beschrieben und die aufwendigen bei hochglänzenden Flächen, um die es im Folgenden geht:

Stellen Sie sich einen chromglänzenden Designerwasserhahn vor. In seiner Oberfläche spiegelt sich das ganze Studio: von der Studiotür über die Kamera, Lampen, Stative bis zur Kaffeetasse in der hintersten Ecke, einfach alles. Das *Lichtzelt aus Frostfolie* ist hier die Lösung. Frostfolie ist ein Material, das an Pergamentpapier erinnert (vgl. Kapitel VII. 1, Seite 63). Diese etwa 120 cm breite Folie wird in 30 bis 50 cm Abstand mit Stativen um den Wasserhahn gespannt, auch oben, über der Armatur. Im Idealfall umhüllt das Zelt den Wasserhahn bis auf eine freie Stelle auf der Rückseite, so dass der beabsichtigte Hintergrund zu sehen ist. Vorne wird ein Loch für die Kameraoptik in die Folie hineingeschnitten. Diffuse Lichtquellen beleuchten nun dieses Zelt gleichmäßig von außen; damit ist die Grundausleuchtung fertig. Alle störenden Spiegelungen und Reflexe sind verschwunden. Da sich nun die matt-weiße, leuchtende Folie in der Oberfläche spiegelt, wird wahrscheinlich die Armatur selbst auch matt und flach wirken. Um dies zu korrigieren, werden in das Lichtzelt von innen schwarze Streifen eingeklebt, die sich im Objekt spiegeln und ihm dadurch Kontur geben. Wo diese *Abschatterelemente* im Lichtzelt platziert werden, ist abhängig von der Form des Objektes. Hier gilt: Probieren geht über Studieren. Nur mit Hilfe solcher Abschatter lassen sich Strukturen und besondere Formgebungen sichtbar herausarbeiten.

Den Vorschlag für das kleinste Lichtzelt habe ich in dem Buch *Alles über Nahaufnahmen* von Otto Croy[41] gefunden: Es dient der Makrofotografie von Fingerringen. Man sägt die Schale eines gekochten, weißen Hühnereis mit einer Laubsäge in der Mitte durch. Von einer Hälfte wird dann noch die Spitze entfernt, und fertig ist das Lichtzelt. Man kann es nun über den Ring stellen und von oben durch

---

41 Seebruck am Chiemsee 1960.

5. Spiegelung

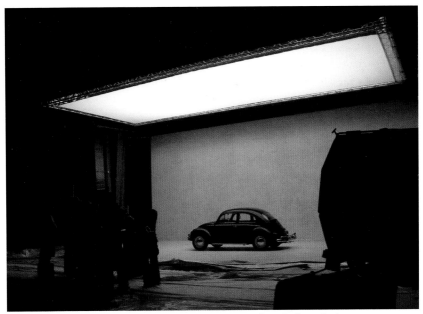

Große, glänzende Flächen brauchen um einiges größere Reflexwände.
© California Sunbounce

die Öffnung mit einem Lupenobjektiv Aufnahmen machen. Das Licht einer starken Lampe dringt durch die dünne Kalkwand und beleuchtet das Schmuckstück gleichmäßig. Auf die Innenfläche des Eis werden, um die Struktur des Ringes zu betonen, Abschatterelemente gezeichnet oder geklebt.

Große Objekte, zum Beispiel Autos, lassen sich nicht mehr in Lichtzelten fotografieren. Sie werden über sehr große Reflexwände (4 × 10 m und größer) ausgeleuchtet. Diese Stellwände bestehen beispielsweise aus weiß gestrichener Leinwand. Die Qualität der Reflexwände ist sehr entscheidend, denn jeder Fleck, jede Naht, jedes Loch in der Leinwand spiegelt sich im Lack und sieht dort aus wie ein Fehler oder Schmutz. Das Studio ist bei solchen Aufnahmen meistens komplett schwarz ausgemalt, die Scheinwerfer sind abgedeckt. So kann kein direktes Licht oder Streulicht auf das Auto fallen. Das Licht kommt ausschließlich indirekt über die Reflexwände. Diese Flächen müssen so groß sein, dass sie sich auf dem ganzen Wagen spiegeln; keinesfalls darf man in der Spiegelung sehen können, wo sie enden. Im Fachjargon spricht man davon, dass man »nicht aus der Deckung kommen darf«. Je nach Aufnahmewinkel können hier zudem Reflexflächen nötig sein, die ein Mehrfaches der Wagenlänge betragen.

XIII. Werbespots

Um die Konturen und Falze der Karosserie hervorzuheben, können auf die Reflexwände farbige Streifen und Flächen aufgemalt werden, die sich ähnlich wie beim Lichtzelt im Lack spiegeln. Bewegt sich die Kamera, so wandern diese Spiegelungen. Im Film kann dies, wenn es gut gemacht ist, sehr reizvoll sein.

Wenn Sie also demnächst in Ihr Auto steigen, schauen Sie es sich zuvor genau an. Nicht nur die Form, sondern auch das, was sich alles im Lack spiegelt.

6. Hohlkehle

Bei Packshots werden meistens *Hohlkehlen* (*Vouten*)[42] als Unter- und Hintergrund verwendet. Der Boden geht nach einer sanften Rundung direkt in die Wand über. Dies hat den Vorteil, dass keine störende Nahtstelle zwischen Boden und Wand, wo sich Schatten bilden könnten, das Bild beeinträchtigt. Studiohohlkehlen können sogar groß genug für die Aufnahme eines LKWs sein. Sie sind bei dieser Größe aus Holz oder einem Presswerkstoff gefertigt. Oft wird ein Verlauf in die Hohlkehle gemalt. Wenn zum Beispiel der Boden weiß und der Hintergrund schwarz ist, wird in den Bereich der Rundung ein allmählicher Übergang von Weiß nach Schwarz, der so genannte *Verlauf*, gesprüht.

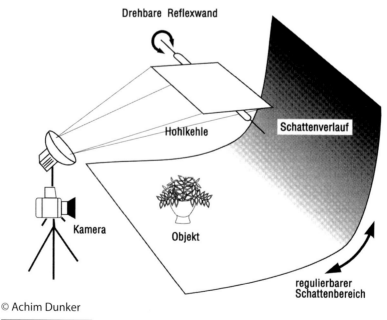

© Achim Dunker

42 Vgl. Seite 16.

Für kleinere Hohlkehlen sind im Fachhandel so genannte *Hintergrundkartons* erhältlich. Der etwa 3 m breite und 20 m lange Karton ist auf eine dünne Papprölle gewickelt. Mit einem einfachen Gestänge lässt er sich an der Wand oder mitten im Raum in beliebiger Höhe befestigen. Man braucht nur den Karton abzuwickeln und den Anfang mit Lassoband auf den Fußboden zu kleben – und fertig ist die Voute. Ist das Stück verschmutzt oder verknickt, so wird es abgetrennt und die nächsten Meter werden von der Rolle gewickelt. Lieferbar ist der Karton in vielen Farben. Die Montage im Raum ist günstiger als an der Wand, da man so auch Lampen hinter den Karton stellen kann, die das Objekt schräg von oben oder von hinten beleuchten (Spitzlicht).

Kleine Hohlkehlen in der Größe von Tischen werden auch aus durchscheinendem Material, Plexiglas oder Ähnlichem, gefertigt. Man kann mit ihnen Flüssigkeiten zum Leuchten bringen, indem man sie von unten beleuchtet und die Voute bis auf ein kleines Loch im Boden, durch das das Licht kommt, mit schwarzem oder farbigem Karton abdeckt. Auch die goldene Farbe eines gezapften Bieres kann über eine mit einer Gelbfolie versehenen Lampe gesteigert werden.

Bei kleineren Hohlkehlen braucht man den Verlauf nicht zu malen, man kann ihn ausleuchten. Mit einer Styroporplatte ist das relativ einfach zu erreichen: Die Platte wird waagerecht über der Hohlkehle angebracht und von unten beleuchtet. Der Ort und die Länge des Übergangs von hell zu dunkel lassen sich durch Drehen der Platte in der Längsachse verändern. Im Handel sind allerdings auch kleine Hintergrundkartons mit gedruckten Farbverläufen erhältlich. Eine weitere Möglichkeit ist, das Objekt vor einer Blauwand aufzunehmen und einen elektronisch produzierten Verlauf einzusetzen.

Manchmal sieht man Autos oder andere große und schwere Objekte auf einem spiegelnden Untergrund. Dies ist kein tatsächlicher Spiegel, sondern eine dünne Wasserschicht. Aus dem richtigen Winkel aufgenommen, dem Bereich der *Total-reflexion*, wirkt die ruhige und völlig ebene Wasseroberfläche wie ein perfekter Spiegel. Das Auto muss allerdings etwas hochgebockt werden, damit die Räder nicht im Wasser stehen. Am besten ist es, wenn man es in diesem Fall vermeiden kann, den Übergang vom spiegelnden Untergrund zum Hintergrund zu zeigen. Andernfalls muss ein Übergang gemalt werden.

Nicht nur für die Aufnahmen von LKWs muss die Hohlkehle möglichst groß sein, sondern auch für *Blue-Box-Aufnahmen*[43]. Eine ausreichende Blauwand lässt sich schon damit erzeugen, dass man einen blau gefilterten Scheinwerfer auf eine weiße Wand richtet. Der blaue Unter- und Hintergrund wird dann auf elektronischem Wege beispielsweise mit einem Südseestrand, mit Palmen, Meer und Strandhüt-

---

43 Vgl. V.1 f), Seite 33ff.

XIII. Werbespots

ten, ausgetauscht. Wenn der Darsteller nun durch diese Landschaft laufen soll, so muss die Blauwand groß genug sein, damit er ein paar ›glaubwürdige‹ Schritte tun kann. Je größer die Blauwand ist, umso größere Totaleinstellungen lassen sich zeigen.

Hinter- und Vordergrund müssen separat ausgeleuchtet werden, wobei es manchmal nicht einfach ist, beide Bereiche voneinander zu trennen. Ganz besonders der Boden, auf den die Schatten fallen, macht oft Schwierigkeiten. Man kann sich helfen, indem man entweder die ›Füße im Bild abschneidet‹ oder auf dem Studioboden mit Sand einen Teil des Strandes nachbaut. Versucht man nun aber, vor der Blauwand eine Großaufnahme zu machen, so stellt man fest, dass der elektronisch eingesetzte Hintergrund der Totalen nicht mehr dazu passt, denn für jede geplante Einstellung muss ein separater Hintergrund vorgedreht werden, der in Perspektive und Brennweite zum nachträglich eingesetzten Vordergrund passt.

Schon seit ein paar Jahren hat auch hier der Computer Einzug gehalten und somit lässt sich nicht nur der Bildhintergrund austauschen, sondern die gesamte Studiodekoration. Die Kameraposition wird über ein drahtloses Ortungssystem erfasst und eine spezielle Software kreiert bei den Kamerabewegungen und Bildausschnitts-Änderungen die nötigen Größen-, Perspektiv- und Bewegungsänderungen der virtuellen Dekoration. Es funktioniert täuschend echt.

Statt der blauen oder grünen Wände bietet die Industrie auch Spezial- Reflexionswände in unscheinbarem Grau an, die aus der Achse der Kameraoptik mit ringförmig angeordneten, blauen LEDs beleuchtet werden. Das ›Grau‹ täuscht aber, denn die Wand ist mit speziellen Mikroprismen beschichtet, die einen sehr hohen und vor allem gerichteten Reflexionsgrad ermöglichen. Da die Trickwand nun exakt aus der Kameraachse beleuchtet wird, sind alle vom Moderator oder Darsteller auf der Wand verursachten Schatten für die Kamera unsichtbar. Der Wiederschein des blauen Lichtes auf den Gesichtern, Kleidern und Dekoteilen ist zu gering, um die Bluebox in irgendeiner Art zu beeinflussen. Die blau beleuchteten, normalen Bereiche werden »nicht durchsichtig«.

Durch das minimale Gewicht der Reflexionswand – es handelt sich um ein beschichtetes Gewebe auf einem flexiblen und selbstspannend Rahmen – ist es möglich, die Rückwand zu bewegen. D.h. während der Schauspieler läuft, führen ein oder zwei Assistenten den Hintergrund mit. Das hat den Vorteil, dass keine großen und teuren Blauwände benötigt werden. Die Bereiche außerhalb der Reflexwand werden später in der Postproduktion durch Masken abgedeckt.

6. Hohlkehle

Mit dem entsprechenden Backdrop erhält der Blick aus dem Dekofenster die nötige Glaubwürdigkeit (S. 111 und 112). © Rosco

Anstelle der Blauwand werden auch gemalte, gedruckte und fotografierte Hintergründe eingesetzt. Die fachliche Bezeichnung ist Hintersetzer oder Backdrop (englisch). Fachfirmen haben spezielle Hintergründe im Angebot, bei denen die abgebildeten Häuserzeilen in Tag- und Nachtmanier ausgeleuchtet werden können. Durch die geschickte Kombination und langsame Veränderung von Auf- und Hinterlicht lässt sich auch ein Tag-Nachtwechsel über eine längere Spielzeit hin-

XIII. Werbespots

© Rosco

bekommen. Der Blick aus dem Fenster der Deko bekommt eine fast realistische Anmutung. Aber nicht nur im Studio lässt sich der Hintergrund austauschen, sondern auch draußen. Wenn mir der Blick auf Köln-Kalk nicht mehr gefällt, werde ich im Hof das Backdrop von beispielsweise Neu-Schwanstein montieren lassen. Backdrops gibt es sogar im Verleih – aber ob bayerische Schlösser dabei sind, weiß ich allerdings nicht.

Anregung

Probieren Sie eine Packshot-Ausleuchtung mit einer Voute und einem Lichtverlauf auf dem Hintergrund.

Erkenntnis

Zurück zum Licht und dem vorgenannten Problem der Licht- und Schattenänderung während der Einstellungen. In dem Interview mit Gernot Roll habe ich gefragt, warum der Darsteller in dem Film über Schubert MIT MEINEN HEISSEN TRÄNEN, abhängig von der jeweiligen Einstellung, mal Effektschatten im Gesicht hat und dann wieder nicht (vgl. Seite 169). Für mich war das damals ein Fehler bzw. eine Unachtsamkeit. Heute sehe ich in diesen Wechsel der Ausleuchtungen ein Stilmittel.

Konsequent eingesetzt entwickeln Unterschiede in der Lichtgestaltung für beispielsweise Halbtotalen und Naheinstellungen in Kombination mit dem richtigen rhythmischen Schnitt eine fesselnde Dramaturgie. Es ist eines der Geheimnisse einer guten Ausleuchtung, wobei ich das Wort ›gut‹ durch den Begriff ›lebendig‹ näher definieren möchte. Diese Lebendigkeit entsteht nicht zufällig, nicht durch willkürliches Verändern von Scheinwerfern und Hilfsmitteln, sondern durch bewusste dramaturgische Konzeption, exakte Planung und präzisen Aufbau.

Vergleichen Sie irgendeine Daily Soap aus dem Vorabendprogramm mit einem aufwendigen Spielfilmdrama. Analysieren Sie die Ausleuchtung der Großaufnahmen und der vorangegangenen Halbtotal- und Halbnaheinstellungen. Was ist anders?

- Lichter und Schatten?
- Kontraste?
- Kamerahöhe, Kamerarichtung?
- Oder hat sich nur der Bildausschnitt vergrößert und weiter nichts?

Zeichnen Sie einen Plan, in dem Sie angeben, wo Ihrer Einschätzung nach die Lampen und Reflektoren stehen könnten. Vergleichen Sie den Plan mit der Ausleuchtung der dieser Sequenz vorangegangenen Halbtotal und Halbnaheinstellungen. Und vergleichen Sie Ihren Lichtplan auch mit der Ausleuchtung der Gegeneinstellung bei einem Dialog. Sinn dieser Übung ist es, ein Gefühl für den Aufwand von Licht- und Kamera-Umbauten zu bekommen. Damit geht die Frage einher: Wie werden die Höhepunkte inszeniert? – Durch Licht, Einstellungsgröße und Schnitt? Oder durch Zoom und Musik?

Wahrscheinlich werden Sie feststellen, dass die Ausleuchtung beim Spielfilm variantenreicher ist als bei der Daily Soap. Und genau diese Variationen machen den Reiz einer Ausleuchtung, eben die Lebendigkeit aus. Verwunderlich ist die Einheitlichkeit der Lichtgestaltung bei einer Daily Soap selbstverständlich nicht. Im Zeitmanagement dieser Produktionen sind solche Kunstgriffe nicht vorgesehen. Hinzu kommt, dass aus Effektivitätsgründen meist mit mehreren Kameras

XIII. Werbespots

gleichzeitig gedreht wird. Dabei muss das Licht für alle Kamerapositionen gleich akzeptabel sein. Dadurch besteht allerdings auch keine Möglichkeit, beispielsweise ein Gesicht in der Großaufnahme akzentuierter oder weicher auszuleuchten als in der Halbtotalen.

In meinem Interview mit Gernot Roll gehe ich intensiv auf das Thema »Wechsel der Ausleuchtungen« ein. Das würde ich heute so nicht mehr tun. Da aber beide von mir vertretenen Ansichten möglich und vielleicht auch richtig sind, und ich mich nicht für jemanden halte, der ästhetische Dogmen verkündet, stelle ich meine derzeitige Ansicht neben die damalige und lasse den Leser entscheiden, welche ihm genehm ist.

XIV. Die eigene Lichtgestaltung: ›Mit den Augen stehlen‹

Neben dem Verständnis für den Aufwand an Zeit, Material und Personal erhält man durch Analysen natürlich auch Anregungen für die eigene Arbeit. Wie gestalten die ›etablierten‹ Kollegen ihre Ausleuchtungen? Wo sind sie präzise und wo ›schludern‹ sie ein bisschen? Viele Details werden nur durch eine Bild-für-Bild-Analyse am Videorecorder, DVD-Player oder am Schnittsystem entdeckt. Mit den ›Augen stehlen‹, pflegte mein alter Lehrmeister im Elektrohandwerk zu sagen und meinte damit, man solle sich die guten Sachen abschauen und aus den Fehlern der anderen lernen. Wichtig ist meiner Einschätzung nach allerdings, dass man bei ausländischen Filmen zuvor die Originalfassung im Kino gesehen hat. Meiner Erfahrung nach ist die Sprache der Schauspieler in den Originalfassungen in den meisten Fällen variantenreicher und subtiler. Aber – was hat das mit dem Licht zu tun? Nun, bei der Beurteilung des Bild und Schnittrhythmus' muss sich der Kameramann auch mit allen anderen künstlerischen Gestaltungselementen des Films beschäftigen, wozu natürlich auch die Dialoge gehören.

Anregungen für die Lichtgestaltung findet man besonders im Theater. Die Bühnenbeleuchtung geht oft viel freier, ungezwungener und direkter mit dem Licht um. Ändert sich die Stimmung, ändert sich das Licht und das mitten in einer Szene. Kein Zuschauer fragt sich oder den Sitznachbarn: »Hey, warum ändert sich jetzt das Licht?« Die Änderung wird als dramaturgisches Stilmittel und nicht als physikalische Notwendigkeit wahrgenommen.

Den aktuellen Trend der Fotografie findet man in internationalen Mode und Lifestyle-Magazinen. Jede Großstadt-Bahnhofsbuchhandlung, die internationale Presse führt, bietet reichlich Anschauungsmaterial und damit wertvolle Anregungen. Da wir in einer Branche arbeiten, in der sich jeder von jedem anregen lässt und Kopieren »Covern«, »Remake« oder »Retro-Stil« heißt, muss man schauen, wo man seine eigenen inspirierenden Anregungen herbekommt.

Einen ›Geheimtipp‹ möchte ich an dieser Stelle noch verraten: Das Buch »Lob des Schattens. Entwurf einer japanischen Ästhetik« (1933) von Junichiro Tanizaki. Daraus ein Zitat:

»Tatsächlich gründet die Schönheit eines japanischen Raumes rein in der Abstufung des Schattens. Sonst ist überhaupt nichts vorhanden. Abendländer wundern sich, wenn sie japanische Räume anschauen über ihre Einfachheit und haben den Eindruck, es gebe da nur graue Wände ohne die geringste Ausschmückung. Das ist von ihrem Standpunkt her gesehen durchaus plausibel; aber es zeigt, dass sie das Rätsel des Schattens nicht begriffen haben.«

XIV. Die eigene Lichtgestaltung: ›Mit den Augen stehlen‹

Wer etwas über Licht- und Schattengestaltung aus einer ästhetischen Richtung erfahren möchte, sollte dieses Buch lesen; es verändert die Wahrnehmung.

XV. Ausrüstungsvorschläge für Spiel- und Dokumentarfilmproduktionen

Ein Lampenverleih empfiehlt für eine Spielfilmproduktion einen Lichtwagen mit folgender Grundausstattung:

Tageslicht:

- 2 × 4.000-W-Stufe
- 3 × 2.500-W-Stufe
- 3 × 2.500-W-Fläche
- 4 × 1.200-W-Fläche
- 3 × 1.200-W-Stufe
- 4 × 575-W-Fläche
- 2 × 575-W-Stufe
- 2 × 270-W-Fläche
- 3 × 200-W-Fläche

Kunstlicht:

- 3 × 2.000 W Stufe
- 4 × 2.000 W Reportagefluter
- 3 × 1.000 W Stufe
- 8 × 800 W Reportagefluter
- 6 × 300 W Stufe
- 5 × Klemmleuchten mit einem Sortiment an Glühbirnen

Außerdem:

- Befestigungsmaterial
- Stative
- Diffusionsfolien
- Aufhellmaterialien
- Schattenmaterialien
- Farbfolien
- ND-Folien
- Konversionsfolien
- Elektrokabel
- Elektroverteilungen

XV. Ausrüstungsvorschläge für Spiel- und Dokumentarfilmproduktionen

Diese Ausrüstung lässt sich problemlos erweitern, sie ist nur ein Grundsortiment. Da sie aber aufgrund der jahrelangen Erfahrung des Lampenverleihs zusammengestellt worden ist, zeigt die Aufstellung, was in der Regel für einen Spielfilm oder für ein Fernsehspiel in Deutschland gebraucht wird. Licht ist immer mit Kosten verbunden, das bezieht sich sowohl auf die anfallenden Kosten der Beleuchter als auch die der Scheinwerfer und des elektrischen Anschlusses.

Im Interview mit Jost Vacano zeigte sich, dass die Kameraleute in Deutschland oft weniger und leistungsschwächere Lampen zur Verfügung haben als in Amerika, um so Kosten zu sparen.

Für einen Dokumentar- oder Industriefilm ohne Spielhandlung braucht man weniger Licht als für einen Spielfilm. Mit vier 800-W-Kunstlicht-Reportageflutern kann man Räume bis etwa 20 m² ausleuchten. Diese Ausrüstung reicht für Statements und Interviews mit bis zu vier Personen aus. Konzentriert man sich auf das Wesentliche, so kann man mit diesen vier Lampen auch beispielsweise eine kleine Kneipe stimmungsvoll, das heißt mit vielen Schattenflächen, ausleuchten.

Vier 575-W-Tageslichtlampen sind für Räume von der Größe eines Schulklassenzimmers ausreichend. Allerdings müssen die Lampen innerhalb des Raumes stehen, denn um von außen durch die Fenster zu scheinen, sind sie zu schwach. Auch werden an manchen Tagen die Fenster zu hell sein; entweder muss man sie dann verdunkeln oder darf sie nicht im Bild zeigen. Oder aber man arrangiert sich damit: In einem Liebesfilm aus der ehemaligen DDR, der von Filmstudenten realisiert wurde, zeigt eine Szene ein vertrautes Gespräch in einem Cafe. Das Paar sitzt vor einem großen, mit einer dünnen Gardine verhangenen Fenster. Die Belichtung ist auf das Fenster abgestimmt, draußen sieht man klar und deutlich die Fußgänger vorbeigehen, während die Schauspieler im Inneren des Cafés wie Schattenfiguren aussehen, denn von innen wurden Cafe und Darsteller nicht beleuchtet. Dem Filmteam stand vermutlich nur eine sehr begrenzte Ausrüstung zur Verfügung. Aber zum Inhalt der Handlung passt diese sicherlich extreme Art der Ausleuchtung. Man muss aus der Not eben manchmal auch eine Tugend machen!

Für einen Industriefilm sind

- vier 800-W-Kunstlicht-Reportagefluter,
- drei oder vier 575-W-Tageslichtlampen,
- zwei 1200-W-Tageslichtlampen und
- eine 2500-W-Tageslichtlampe

ein gutes Ausrüstungspaket, mit dem man auf fast alle Fälle vorbereitet ist. Und das ist notwendig, denn oft kann man keine Vorbesichtigung machen, oder aber das Drehbuch wird spontan geändert, und es muss noch kurzfristig eine Montagehalle oder ein Hochregallager aufgenommen werden. Mit dieser Ausrüstung

Ausrüstungsvorschläge für Spiel- und Dokumentarfilmproduktionen

wird man beispielsweise auch kleineren Spielhandlungen gerecht. Bei der Gestaltung von Lichtstimmungen durch Schatten, indirekte Beleuchtung, farbliche Filterungen und Beleuchtung von außen durch die Fenster geht viel Licht verloren, daher sind ein oder zwei stärkere Tageslichtlampen immer sinnvoll.

Als persönliche Ausrüstung lohnt sich die Anschaffung eines Koffers mit vier 800-W-Kunstlicht-Reportageflutern mit Tageslichtfilterscheiben. Sie sind universell einsetzbar und auch gut für einzelne Lichteffekte zu gebrauchen.

Zusätzlich zu den Scheinwerfern und zur Kameraausrüstung sollte man folgende Dinge dabei haben:

- Diffusionsmaterialien, Holzwäscheklammern,
- Abdeckfahnen in unterschiedlichen Größen für Scheinwerfer und Kamera,
- Molton, Kokolores zur Erzeugung von Effektschatten,
- Aufhellfolien, Silberblenden, Styroporplatten zur indirekten Beleuchtung,
- ND-Folien, Konversionsfolien und -filter für die Scheinwerfer,
- Verlängerungskabel, Mehrfachsteckdosen, Putzlappen für die Kabel und Arbeitshandschuhe, da die Kabel immer schmutzig und die Lampen oft sehr heiß sind.

Zur Fehlersuche bei Lampenausfällen empfiehlt sich ein *Spannungsprüfer*, der die Frage klärt, ob die Steckdose überhaupt Strom führt. Die Sicherheitsvorschriften sind dabei einzuhalten. Im Klartext heißt das: Finger weg, wenn Sie nichts davon verstehen!

Ein *Ohmmeter* oder *Durchgangsprüfer* wird gebraucht, um die Feinsicherungen der Brenner und Halogenlampen zu testen. Für die Reparatur sollte man die richtigen Ersatzbrenner und Feinsicherungen dabei haben. Darüber hinaus ist es immer gut, einen Werkzeugkoffer mit diversen Schraubenziehern, Schrauben- und Inbusschlüsseln, Zangen, Taschenmesser und so weiter mit sich zu führen. Auch ein Lötkolben und Lötzinn sind für die Reparatur von manchen Elektrokabeln nötig. Immer gebraucht werden Lassoband oder das etwas breitere *Gaffertape* (zu deutsch: *Gewebeklebeband*) und *Mattspray* sowie breites, gelb-schwarzes Klebeband zum Festkleben der Kabel auf dem Boden, damit niemand stolpert, und weiß-rotes Absperrband, damit niemand vor die Lampe läuft.

XVI. Belichtungsmessung

1. Gradationskurve

Bei der technischen Beurteilung eines belichteten und entwickelten Filmbildes ist oft die Aussage zu vernehmen: »Das Negativ ist (sehr) steil« beziehungsweise »sehr flach«. In diesem Fall wird, streng genommen, nicht über das Filmnegativ gesprochen, sondern über den Verlauf der *Gradationskurve*.

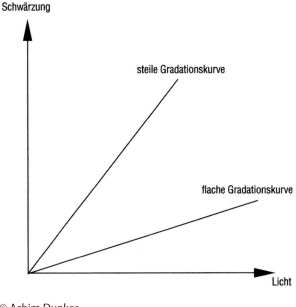

© Achim Dunker

Die Gradationskurve, im Jargon der Filmschaffenden kurz »Kurve« genannt, bestimmt das Verhältnis vom Lichteinfall auf das Filmmaterial und der Schwärzung des Negativs, also von Ursache und Wirkung. Jedes Filmmaterial besitzt eine bestimmte Gradationskurve, die sich aber durch die Entwicklung in gewissen Bereichen beeinflussen lässt.

XVI. Belichtungsmessung

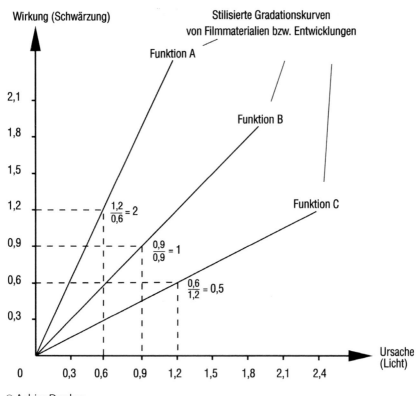

© Achim Dunker

Auf der senkrechten Achse (Y-Achse) dieser Graphik ist der Logarithmus der Negativdichte angegeben. Je höher der Wert ist, desto dichter, das heißt schwärzer ist das Negativ. Auf der waagerechten Achse (X-Achse) ist der Logarithmus der Leuchtdichte[44] oder Lichtstärke angegeben. Das Verhältnis von Licht und Schwärzung führt zum *Gammawert*.

Die Funktionen A, B und C sind sehr stark stilisierte Gradationskurven. Bei der Kurve B entspricht die Stärke des Lichts der Stärke der Schwärzung; stärkeres Licht hat also eine in gleichem Maße stärkere Schwärzung des Negativs zur Folge. Der Gammawert ist 1. – Bei Kurve A ist der Wert der Schwärzung doppelt so groß wie der des Lichts. Das Bild wird mit zunehmender Leuchtdichte immer kontrastreicher, härter oder auch *steiler*. Der Gammawert ist hier 2. – Bei Kurve C ist es umgekehrt. Der Wert der Schwärzung ist nur halb so groß wie der des Lichts. Das Negativ ist kontrastärmer, weicher, eben *flacher*. Der Gammawert ist

---

44 Siehe Kapitel XVI.5, Seite 131.

1. Gradationskurve

Auch verlaufen die Kurven in der Realität etwas anders, nur der Mittelteil ist linear und somit für die Belichtung brauchbar. Wie beispielsweise der Kodak Vision3 Color Negative Film 5219/7219. © Kodak

0,5. -je höher also der Gammawert, desto steiler – je niedriger der Gammawert, desto flacher ist das Negativ.

Die Frage der Gradation wird aber nicht so sehr bei der Aufnahme entschieden, sondern beim späteren Umkopieren bzw. bei der elektronischen Bildbearbeitung.

Auch verlaufen die Kurven in der Realität etwas anders, nur der Mittelteil ist linear. Wie beispielsweise beim Kodak Vision3 Color Negative Film 5219/7219.

Da es sich um einen Farbnegativfilm handelt, besteht der Aufbau des Films aus drei lichtempfindlichen Schichten, jeweils für den blauen, grünen und roten Anteil des Lichtes. Auf dem Nullpunkt der X-Achse befindet sich die normal be-

XVI. Belichtungsmessung

lichtete *Graukarte*[45] mit einem Reflektionsgrad von 18 %. Eine weiße Karte liegt auf der Kurve 2 ½ Blenden (Stops) höher. Auf der Kurve sind dann noch bis zu 3 ½ Blenden für detailreiche Spitzlichter möglich. Eine 3 %-Schwarzkarte liegt 2 ½ Blenden unter dem Nullpunkt und von da aus stehen noch mal 2 ½ Blenden für Details in den Schatten zur Verfügung. Wenn wir also diesen Kurven glauben dürfen, umfasst der lineare Bereich 12 bis13 Blenden.

2. Lichtmessung und Objektmessung

Die zwei am häufigsten angewandten Arten der Belichtungsmessung sind die *Lichtmessung* und die *Objektmessung*. Bei der Objektmessung wird das vom Motiv reflektierte Licht gemessen. Aus der Kameraachse wird die Fotozelle des Belichtungsmessers auf das Objekt, beispielsweise auf die vom Hauptlicht beleuchtete Gesichtshälfte, gerichtet.

Die andere Methode ist die Lichtmessung. Hier wird durch eine weiße *Streukalotte* vor der Fotozelle das auf das Objekt fallende Licht direkt gemessen. Bei einer Porträtausleuchtung würde man das Gerät nahe an die Wange der Person halten, so dass das Scheinwerferlicht auf die Messzelle scheint.

Die Objektmessung wird meistens mit einem *Spotmeter* durchgeführt. Dieser Belichtungsmesser besitzt einen Messwinkel von einem Grad. Mit einem optischen System lässt sich die zu messende Stelle bequem vom Kamerastandpunkt aus anpeilen.

Die Lichtmessung wird mit einem speziellen *Filmbelichtungsmesser* durchgeführt. Das Gerät ist von vornherein auf die normale Verschlusszeit[46] der Filmkamera abgestimmt. Die Filmempfindlichkeit wird mit Hilfe von Lochblenden eingestellt, die vor die Fotozelle gesteckt werden. Je stärker der Lichteinfall auf die Messzelle des Belichtungsmessers ist, desto kleiner muss die Blendenöffnung des Objektivs sein (hohe Blendenzahl). Beide Verfahren führen zum gleichen Ergebnis und werden im Filmbereich angewandt. Mit der Lichtmessung wird sozusa-

---

45 Es handelt sich um eine im Fachhandel erhältliche Pappkarte mit einem Reflexionsgrad von genau 18 Prozent. Man platziert die Graukarte an der bildwichtigsten Stelle, wobei die Karte parallel zur Filmebene stehen muss. In der professionellen Fotografie wird diese Karte, im Gegensatz zur Filmbranche, sehr häufig eingesetzt. Die Filmkameraleute machen stattdessen eher eine Lichtmessung oder messen mit einem Spotbelichtungsmesser die menschliche Haut oder einen anderen Punkt, der ungefähr 18 Prozent Reflexion hat. Gerade für Anfänger ist aber die Messung mit einer Graukarte eine sichere Sache.

46 Bei der üblichen Aufnahme- und Projektionsgeschwindigkeit von 24 beziehungsweise 25 Bildern pro Sekunde und der normalen Flügelblende liegt die Belichtungszeit für das einzelne Bild bei ca. 1/50 Sekunde. Diese Verschlusszeit wird nur bei Aufnahmen verändert, die das erforderlich machen, zum Beispiel bei Zeitlupenaufnahmen.

2. Lichtmessung und Objektmessung

© Achim Dunker

gen der Nullpunkt auf der Gradationskurve festgelegt und mit dem Spotmeter die maximal hellsten Spitzlichter und dunkelsten Schatten ausgemessen. Fast banal, aber ich möchte an dieser Stelle doch darauf hinweisen, dass sich die Kamera, Objekte und Personen im Film bewegen und sich somit auch die Belichtungsverhältnisse entscheidend verändern können. Also muss die Belichtungsmessung über die gesamte Bewegung, den Schwenk oder die Fahrt durchgeführt werden. Vielleicht ist es auch nötig, die Blende zu ziehen, damit der Helligkeitseindruck im Bild gleich bleibt. Eine weitere Möglichkeit sind dimmbare Scheinwerfer, die während des Drehens heller oder dunkler geregelt werden können.

In diesem Gerät sind ein Spotmesser und ein ›normaler‹ Belichtungsmesser vereint.
© Gossen

127

XVI. Belichtungsmessung

3. Reflexionsgrade verschiedener Oberflächen

Bei der Arbeit mit dem Belichtungsmesser muss man, sowohl für die Lichtmessung als auch für die Objektmessung, den Reflexionsgrad des Objektes berücksichtigen. Die folgende Auflistung gibt die Reflexionsgrade verschiedener Oberflächen an:

93-97%	Magnesium-Pulver, frischer Schnee, weißes Styropor
87-92%	poliertes Silber, Silberblende
90%	weißer Gips
75-88%	glänzend weiße Farbe
85%	Aluminium-Folie
60-80%	weißes Porzellan, weißes Papier
30-40%	helle Haut
20-30%	Zement
15-30%	grüne Blätter
20%	gebräunte Haut
18%	Kodak-Graukarte
10-15%	Ziegel, Mauerwerk
5-10%	schwarzes Papier
1-5%	matte schwarze Farbe
1%	schwarzer Samt

4. Objektumfang

Ein Motiv setzt sich meist aus Flächen mit unterschiedlichen Reflexionsgraden zusammen. Man geht davon aus, dass der *Mittelwert der Gesamtreflexion* 18 Prozent beträgt. Auf diese 18 Prozent ist der Belichtungsmesser geeicht. Optisch entspricht dieser Wert einem Hellgrau. Eine normale, ausgewogene Großaufnahme eines nicht zu bleichgesichtigen Mitteleuropäers weist auch in den allermeisten Fällen ungefähr diese 18 Prozent auf.

Bei der Messung dieses Mittelwerts wird beispielsweise eine Blende von 5,6 ermittelt. Von dieser Blende ausgehend hat man jeweils fünf Blenden nach oben und nach unten Belichtungsspielraum. Der so genannte *Objektumfang* beträgt somit zehn Blenden, wobei sich mit jeder größeren Blende, die gewählt wird, die Lichtmenge verdoppelt, die auf den Film fällt. Kodak gibt für das Vision-3-Material sieben Blenden nach oben und fünf Blenden nach unten an. Der Objektumfang hängt nicht von der Filmempfindlichkeit ab. Die Filmempfindlichkeit legt nur fest, wie viel Licht benötigt wird, um eine Belichtung zu ermöglichen. So kann

4. Objektumfang

sich der Objektumfang mit größerer oder geringerer Filmempfindlichkeit auf der Blendenskala zwar nach oben oder unten (rechts oder links) verschieben, nicht aber der Umfang selbst größer oder kleiner werden.

Alles das, was innerhalb dieser Blendenreihe liegt, wird korrekt auf dem Film wiedergegeben. Richtet man das Spotmeter auf die dunkelste bildwichtige Schattenfläche, auf der man noch Strukturen erkennen soll, so darf dort der Blendenwert nicht geringer als 1 sein. Liegt der Wert beispielsweise bei 0,7, so wird diese Stelle zu dunkel wiedergegeben. Bei den hellen Stellen ist es ähnlich: Wird dort Blende 32 gemessen, so ist dieser Teil des Bildes überbelichtet. Bei der Messung der hellsten Stellen dürfen nicht diejenigen gewählt werden, die durch die Spitzlichter ausgeleuchtet sind. Die Ausdehnung dieser Lichtpunkte, beispielsweise im Haar, ist zu gering, als dass hier eine störende Überbelichtung wahrgenommen werden könnte.

Der Objektumfang von zehn Blenden und die unterschiedlichen Reflexionsgrade bedingen, dass die Schatten oft aufgehellt und andere Bildteile, wie beispielsweise ein weißes Hemd des Darstellers, abgeschattet werden müssen. Bildteile mit geringeren Reflexionsgraden brauchen mehr Licht als Bildteile mit besserem Reflexionsvermögen. Auch die unterschiedliche Helligkeit von Innenraum und sonnenbeschienener Landschaft vor dem Fenster muss berücksichtigt werden. Die Messung mit einer Graukarte ergibt im Zimmer Blende 2 und außen vor dem Fenster Blende 16. Die Unterschiede müssen nun ausgeglichen werden. Zum einen kann das Lichtniveau im Raum durch mehr und stärkere Lampen angehoben, zum anderen können die Fenster mit ND-Folie beklebt werden, die, je nach verwendeter Dichte, die Lichtstärke um bis zu drei Blenden herabsetzt.

Die Graukarte gibt, wie bereits erwähnt, immer den Mittelpunkt des Objektumfangs an. Von dort aus stehen nach oben und nach unten je fünf Blenden zur Verfügung. Mit welcher Blende die Graukarte aufzunehmen ist, wird durch die eingebrachte Lichtmenge – Kerzenlicht oder HMI – festgelegt. Es ist nur darauf zu achten, dass der abzubildende Objektumfang die zehn Blenden nicht übersteigt. Sollte dies doch der Fall sein, so hängt es von der Stimmung sowie der verfügbaren Zeit und dem Budget ab, ob die hellen Stellen zurückgenommen oder aber die dunklen Stellen aufgehellt werden müssen beziehungsweise können.

Werden Objekte mit einem anderen Reflexionsgrad als 18 Prozent gemessen, so muss der ermittelte Blendenwert korrigiert werden. Der gemessene Blendenwert einer weißen Fläche mit einem Reflexionsgrad von 60 bis 80 Prozent muss ungefähr um zwei Blenden stärker belichtet werden, damit die Wand auch weiß aussieht, andernfalls wäre die Oberfläche nur grau.

Bei dem Ergebnis der Messung einer dunkleren Schattenfläche (mit einem Reflexionsgrad von zum Beispiel 10 Prozent) ist es umgekehrt: Hier muss die Blende ein bis zwei Stufen geschlossen werden, damit die Fläche auch in der Abbildung

XVI. Belichtungsmessung

Die Zahlen geben an, wie viele Blenden (Stops) heller oder dunkler die Bildstelle ist im Vergleich zu dem Fußbodenbereich, der den 18% entspricht. © Kodak

dunkel bleibt. Ähnlich ist es bei der Lichtmessung für eine Nachtaufnahme. Ohne Korrektur der Blende würde die Aufnahme von den Helligkeitswerten her wie eine Tagesaufnahme wirken.

Im Bild sieht das so aus. Die Zahlen geben an, wie viele Blenden (Stops) heller oder dunkler die Bildstelle ist im Vergleich zum Fußbodenbereich, der den 18% Reflexion der Graukarte entspricht.

Anregung

Besorgen Sie sich eine Graukarte und einen Fotoapparat mit Spotmessung, und setzen Sie das oben Gesagte in die Tat um. Fragen Sie in einem Kopierwerk nach, ob man dort mal eine Stunde Zeit hat, Ihnen die richtige Belichtung zu erklären.

5. Lichttechnische Definitionen

Lichtstrom, gemessen in Lumen (lm),
gibt an, wie viel Licht eine Lampe aussendet.

Lichtausbeute, gemessen in Lumen pro Watt (lm/W),
gibt an, mit welchem Wirkungsgrad die aufgenommene elektrische Leistung in Licht umgesetzt wird, das heißt, wie viel Lumen Lichtstrom je Watt aufgenommener elektrischer Leistung von einer Lampe erzeugt werden.

Lichtstärke, gemessen in Candela (cd),
gibt an, wie viel Lichtstrom eine Lampe pro Grad des Leuchtwinkels aussendet.

Beleuchtungsstärke, gemessen in Lux (lx),
gibt an, wie stark eine Fläche beleuchtet wird, das heißt, welcher Lichtstrom auf die Fläche von 1 m² trifft (1 lx = 1 lm pro m²).

Leuchtdichte
ist ein Maß für die Helligkeit einer selbstleuchtenden oder beleuchteten Fläche (für beleuchtete Flächen gemessen in cd/m², für Selbstleuchter gemessen in cd/cm²).

XVII. Zeitmanagement

Ein Kriterium für die Einschätzung der ›Arbeitsqualität‹ des Kameramanns ist die Zeit, die er für den Aufbau des Lichts braucht. Meiner Erfahrung nach ist es das wichtigste Kriterium überhaupt. Es wird zwar nicht so direkt ausgesprochen, aber man redet zwar gerne über die Kunst der Lichtstimmungen, doch wenn es konkret wird, ist das Tempo oft der entscheidenTrumpf.

1.   Wie wird man schnell?

Die Frage lautet natürlich: Wie wird man effektiv? Wie erreicht man das, was man möchte, mit möglichst wenig Aufwand an Zeit, Material und Personal?

Grundlicht – Stimmung – Effekte. In dieser Reihenfolge erledigt man den Aufbau. So absonderlich es klingt: Ich habe mit Kollegen zusammengearbeitet, die noch wenig Erfahrung mit dem Einsatz von Effekten hatten. Irgendwie kam auch ein passables Ergebnis zustande, das dann allerdings aus sachlichen Gründen (Dramaturgie, Anschlüsse etc.) leider nicht genommen werden konnte. Nur war es dann bei der Wiederholung der Aufnahme mit einer Änderung der Ausleuchtung nicht getan, alles musste völlig neu aufgebaut werden. Das kostet natürlich Zeit... Es ist wie beim Hausbau: Erst das Fundament und zum Schluss das Dach.

Eine zeitsparende Überlegung ist auch: Inwieweit lässt sich die vorgefundene, natürliche Lichtsituation nutzen oder muss man tatsächlich immer ›divenhaft‹ wie der eingebildete ›Star-Kameramann‹ alles neu erschaffen? Entscheidend ist hier das Gespräch mit dem Regisseur, dem Produktionsleiter und dem 1. Aufnahmeleiter. Ich persönlich erwarte, dass der Kameramann von sich aus sagt, wie lange er für den Aufbau braucht, und dass er die Zeit einhält. Ist er früher fertig, umso besser, aber er darf das Zeitlimit nicht überschreiten. Denn wäre von Anfang an klar gewesen, wie lange der Aufbau wirklich dauert, hätte man gegebenenfalls gemeinsam nach einer Alternative gesucht, die in der vorhandenen Zeit realisierbar ist.

Und um keine Missverständnisse aufkommen zu lassen: Dies gilt auch für Bildideen, Inszenierungen, Kamerafahrten etc., die sich der Regisseur ausgedacht hat oder über die er beim Dreh anfängt zu grübeln. Effektives Zeitmanagement heißt auch in seinem Fall: Wenn der Aufbau zu lange dauert, muss man nach Alternativen suchen. Ein erfahrener Kameramann sagte zu mir öfters, wenn ich seiner Meinung nach zu lange überlegte: »Mitternacht kommt immer eher als man denkt.«

2. Wie bleibt man schnell?

Auch hierzu ein Beispiel aus der Praxis. Ein Kameramann war sehr unsicher in der Beurteilung seines Ausleuchtungsergebnisses. Er hatte daher die Angewohnheit, sobald es eine kleine Verzögerung bei den Dreharbeiten gab (sei es auch nur, dass die Maskenbildnerin eine Haarsträhne der Darstellerin richten musste), die Ausleuchtung zu korrigieren. Mal fokussierte er die Aufhellung etwas anders, mal ersetzte er einen halben Tüll durch einen Ganzen. Er war dann noch mit seiner Lampe beschäftigt, nachdem die Maskenbildnerin ihre Arbeit beendet und das Set wieder verlassen hatte. Und auch wenn er nur 30 Sekunden länger gebraucht hat (meist dauerte das Ganze aber länger), entstand bei allen am Set dennoch der Eindruck, das gesamte Team müsse auf ihn warten. Der Kameramann selbst war nicht der Meinung, denn er wollte doch nur die kleine Pause nutzen, um seine Arbeit zu optimieren. Erst der schmerzliche und vielleicht auch ungerechte Vorwurf, er sei der ›Bremser‹, brachte ihn von dieser Angewohnheit ab.

Effektives Zeitmanagement heißt somit auch: Für den Regisseur, die Schauspieler, die Technik und alle anderen ist es wichtig, dass bei jeder notwendigen Unterbrechung die Konzentration erhalten bleibt. Man wartet geduldig ab, und gibt demjenigen, der etwas korrigieren muss, das Gefühl, dass das, was er tut, richtig und wichtig ist. Wenn aber in dieser Situation jeder am Set beginnt, an seiner Arbeit ›herumzubessern‹, kommt man vom Hundertsten ins Tausendste, man verzettelt sich, und der Drehplan kann nur unter größten Mühen eingehalten werden.

Nochmals zurück zu unserem Kameramann: Später, bei der Durchsicht der Muster, war oft kein Unterschied zwischen der vorherigen und der korrigierten Fassung festzustellen. Was also hat sein ›Optimieren‹ gebracht? Schlimmer noch: Wären extreme Unterschiede zwischen aufeinander folgenden Einstellungen dagewesen, hätte es im Schnitt sicher Anschlussprobleme gegeben, ein Teil der Einstellungen oder Szenen hätte so nicht zusammengepasst. Es müssten dann noch zusätzliche neutrale Schnittbilder gedreht werden, um beim Schnitt einige Übergänge möglicherweise variieren zu können. Grundsätzliche sollten aber sichtbare Licht- und Schattenänderungen mit dem Produktionsleiter und dem Regisseur besprochen und das Für und Wider abgewogen werden. So manche ›Verbesserung‹ hat sich im Nachhinein als überflüssig herausgestellt.

Das Verhalten des Kameramanns liefert das Stichwort zu zwei weiteren Punkten, die für mich im Laufe der Jahre immer mehr an Bedeutung gewonnen haben:

3. Teamfähigkeit und Teamführung

Zunächst zur Teamfähigkeit. Hier gibt es teilweise erhebliche Defizite. Ein Grund dafür ist, dass die Auswahl von Filmteams fast ausschließlich nach fachlichen und Marketing-Gesichtspunkten geschieht und nicht, wie in jedem besseren anderen Unternehmen, auch nach sozialer und emotionaler Kompetenz. Nun ist allerdings beim Film die Zusammenarbeit meist auf wenige Wochen oder gar Tage begrenzt, danach wird das Team aufgelöst. Daher sagt man sich oft: Es wird schon irgendwie gehen, es ist ja nur für kurze Zeit. Gleichzeitig besteht jedoch ein enormer Zeit- und Leistungsdruck, der von allen immer das absolute Maximum fordert. Daher arbeiten die Teams häufig am Rande des Wahnsinns und der Panik. Hinzu kommt oft die unterschiedliche Berufserfahrung. Nehmen wir ein fiktives, aber doch realistisches Beispiel:

- Der Regisseur hat bisher nur Kurzfilme gemacht.
- Der Regieassistent hat schon einige aufwendige Spielfilm- Produktionen realisiert.
- Für den Kameramann ist es der 25. Film. Wie erfolgreich die Vorausgegangenen waren, sei jetzt mal dahingestellt.
- Der Oberbeleuchter hat schon weit über 100 Filme gemacht und arbeitet mit internationalen Spitzenleuten zusammen. Er realisiert jedes Jahr vier bis fünf Filmproduktionen, dazu noch 20 Werbespots und Musikclips.

Es ist klar zu erkennen: Je weiter wir uns in der Hierarchie des Teams nach unten bewegen, desto größer werden Erfahrung und wahrscheinlich auch fachliche Kompetenz. Daher neigen Debütanten gerne dazu, auch andere Anfänger mit ins Team zu nehmen, aus Furcht heraus, sich sonst von den ›alten Hasen‹ auf frustrierende Art und Weise erklären lassen zu müssen ›wie es richtig bzw. besser gemacht wird. Das ist eine Möglichkeit, die aber oft auch mit Scheitern und einem ziemlichen Mehraufwand verbunden ist. Besser ist es, die Fachkompetenzen zum Nutzen der Produktion zu integrieren. Allerdings ist es eine große Herausforderung für einen Newcomer, mit erfahrenen Profis zusammenzuarbeiten. Aber fast immer verhalten sich ›alte Hasen‹ professionell, d.h. kooperativ, man muss sie nur zu nehmen wissen. Die Aufforderung, sich die Vorzüge und Einsatzbereiche der unterschiedlichen Lampen bei einem Verleiher[47] erklären zu lassen, ist auch unter diesem Gesichtspunkt ein gutes Training. Die Äußerung, »ich kenne das nicht« oder »ich habe bisher damit noch nicht gearbeitet«, verbunden mit dem Wunsch einer näheren Erklärung, ist niemals eine Schwäche, sondern immer ein Zeichen von Souveränität, Mut und Professionalität. Außerdem: Etwas zu überspielen geht meistens schief, die Leute im Team merken es sehr schnell. Das Modell des Johari-Fensters zeigt dies auf eindringliche Weise.

---

47   Siehe Seite 50.

XVII. Zeitmanagement

Es geht auf Untersuchungen der amerikanischen Sozialpsychologen Joseph Luft und Harry Ingham zurück. Mit diesem, an ein kleinbürgerliches Küchenfenster erinnernden grafischen Schema wird die unterschiedliche Selbst- und Fremdwahrnehmung erklärt. Es gibt vier Bereiche, die von mir und den anderen verschieden wahrgenommen werden und zu unterschiedlichen Erkenntnissen führen:

- Der Bereich A ist der öffentliche Teil meines Verhaltens. Er ist mir bekannt und den natürlich anderen auch. Mein Familienstand, meine Kinder, meine gemachten Filme, meine Hobbys.
- Der Bereich B ist mein blinder Fleck. Der Bereich, über den ich nichts weiß oder auch nichts wissen will. Meine Crew aber nimmt diesen Teil wahr. Meine Ticks? Mein Mundgeruch? Die Gerüchte und Spekulationen, die über mich im Umlauf sind? Meine, für andere offensichtlichen Charakterschwächen?
- Der Bereich C ist meine Privatsphäre. Hier habe wahrscheinlich nur ich Einblick. Meine Sorgen, meine wirtschaftlichen Verhältnisse, meine Gesundheit, und meine privaten Vorlieben.
- Schließlich gibt es den Bereich D, das Areal des Unbewussten. Dort weiß weder ich noch die Crew Bescheid.

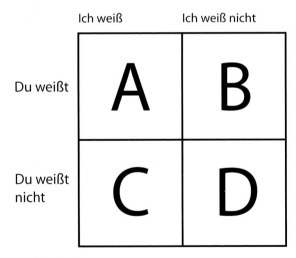

© Achim Dunker

Aus diesen vier Feldern setzt sich die Wahrnehmung zusammen. Meine eigene Wahrnehmung besteht aus den Quadraten A und C und die Wahrnehmung des Teams aus speist sich aus den Feldern A und B. Kein Wunder, dass ich mich selbst

3. Teamfähigkeit und Teamführung

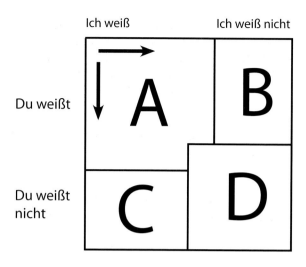

© Achim Dunker

anders sehe als meine Mitarbeiter mich sehen. Aber auch ich nehme die anderen anders wahr als sie sich selbst sehen, schließlich hat jeder Mensch sein Johari-Fenster. So wundert es auch nicht, dass die unterschiedlichen Wahrnehmungen zu unterschiedlichen Wahrheiten führen.

Ziel ist es, die Bereiche C und B zu öffnen, mehr über mich preiszugeben und auch mehr über mich zu erfahren. Auf das C-Feld bezogen heißt das, dass wenn ich meinem Team mehr über meine wirtschaftliche Situation erzähle, beispielsweise dass ich lange arbeitslos war, komme ich nicht in den Verdacht, geizig zu sein. Oder jemand aus der Crew erzählt, dass er alkoholkrank ist und keinen Alkohol angeboten bekommen möchte. Das B-Feld muss jemand aus der Crew öffnen, vielleicht der Produktionsleiter, und mitteilen, dass der Betreffende einen grauseligen Mundgeruch hat. Oder das Team stundenlang ohne Pause schuften lässt, nervige sexistische Witze macht oder rustikale Tischsitten hat? Was auch immer – es ist eine echte Mutprobe für den Überbringer der Botschaft. Allerdings ist er oder sie auch Führungskraft und erhält eine andere Gage als der Praktikant.

Teamführung und Teamfähigkeit sind beim Film ein unverzichtbares Muss und das obwohl beides meines Wissens nicht an der Filmhochschule gelehrt wird. Die Teamführung obliegt in erster Linie dem Produktionsleiter, dem Regisseur und auch dem Kameramann. Und dies nicht nur in der Zusammenarbeit mit Assistenten und Beleuchtern, um ein gutes Produkt abzuliefern, sondern auch, um den nächsten Job zu bekommen. Ein Negativbeispiel: Mir sagte einmal ein

XVII. Zeitmanagement

Diplom-Kameramann vor versammelter Crew, als ich ihn bat, eine bestimmte Einstellung zu drehen, die wohl nicht seiner ›Goldenen-Schnitt-Bildgestaltung‹ entsprach:»Das ist für mich kein Bild.« Er weigerte sich entschieden, mir meinen Wunsch zu erfüllen. Nun bin ich kein Freund von Diskussionen am Drehort, nicht weil ich andere Meinungen nicht gelten lasse, sondern weil ich gemerkt habe, dass es oft schneller geht, diese zusätzlichen Ideen zu realisieren, als lang und breit dagegen zu argumentieren. Auch waren sie manchmal richtig gut, und es motiviert die Crew, wenn der Regisseur für Vorschläge offen ist. Das erzeugt eine angstfreie Atmosphäre.

Doch zurück zu dem Kameramann. Um keine Konfrontation zu erzeugen, besann ich mich auf einen bekannten rhetorischen Trick. Anstatt zu antworten:»Ich brauch das aber!« oder»aber das Bild ist so in dieser Gestaltung unverzichtbar!«, verzichtete ich auf das Wort»aber« und sagte stattdessen:»Gerade weil Du immer sehr ausgewogene Bildkompositionen machst, brauche ich dieses Bild in einer anderen Gewichtung!« Der Kameramann fühlte sich geschmeichelt und drehte die Einstellung so wie ich sie wollte.

Tipp

Versuchen Sie, in der nächsten Diskussion das»Aber« wegzulassen und stattdessen mit»gerade weil…« und einem kleinen Lob den Satz zu beginnen. Sie werden es erleben: Eine einvernehmliche Einigung ist dann viel wahrscheinlicher.

Teamfähigkeit wird eigentlich von jedem erwartet. Allerdings je höher jemand auf der Hierarchieleiter sitzt, umso folgenloser ist die Team**un**fähigkeit für denjenigen.

Was erwarte ich von meinem Team?

Bevor ich diese Frage beantworte, hier einige Vorbemerkungen: Filmemachen ist für die Menschen außerhalb der Filmbranche mit»Glamour« umgeben. Sobald sie dann aber im Filmbusiness sind, sind sie enttäuscht, dass es phasenweise ein sehr langweiliger und langwieriger Prozess mit viel Warterei ist. Dieser Umstand führt oft zu Motivationsmangel, Nachlässigkeiten und Schlampereien. Die Erwartungen an mein Team sind, dass sich jeder mindestens zu 100 Prozent mit dem Projekt identifiziert. Nur dieser Film, der jetzt realisiert wird, ist wichtig, kein anderer. Nicht der von vor drei Wochen und auch nicht der in vier Monaten. Dazu gehören auch Sekundärtugenden wie Pünktlichkeit, Zuverlässigkeit und Ehrlichkeit.

3. Teamfähigkeit und Teamführung

Sehr hilfreich ist es, mal auf die gruppendynamischen Prozesse einen Blick zu werfen, die natürlich auch in einem Filmteam ablaufen. Die Forscher Bernstein und Lowy haben in den 60er-Jahren des vorigen Jahrhunderts die Gruppendynamik wissenschaftlich untersucht. Herausgekommen ist das Phasenmodell OMIDA.

O = Orientierung
M = Machtkampf
I = Intimität
D = Differenzierung
A = Auflösung

Jede Gruppe durchläuft diese Phasen und für den Leiter ist es entscheidend zu wissen, in welchem Entwicklungsabschnitt sich die Gruppe befindet, denn so weiß er, welche Reaktionen zu erwarten sind. Ja, sogar wenn das erwartete Verhalten ausbleibt, ahnt er, dass irgendetwas nicht stimmt und er reagieren muss. Sein Ziel und das der Gruppe unbekannte Ziel ist das Stadium der Differenzierung. Dort muss das Team auf möglichst schnellem direkten Kurs hingelangen, Abkürzungen gibt es leider nicht. Nur in der Differenzierung funktioniert das Filmteam so, wie es für die Aufgabe am besten ist.

Orientierung
Ganz klar, die Vorstellungsrunde:
- Wer sind die anderen?
- Welche Erfahrungen haben sie?
- Wer ist mir auf Anhieb sympathisch?
- Wer ist arrogant?
- Glaube ich, was ich sehe, oder sehe ich, was ich glaube?
- Was für Projekte haben sie realisiert?
- Was denken die von mir?
- Halten sie mich für professionell?

Das sind alles wichtige Fragen, die geklärt werden müssen. Bereits hier kann man entscheidende Fehler machen, die nur schwer oder nicht auszubügeln sind. Nach der Orientierung geht es in den

Machtkampf
In dieser Phase wird gemotzt und gezickt. Jeder versucht, sich auf der »imaginären Hühnerleiter« zu positionieren. Typisch ist:
- »Wir haben das immer so gemacht.«
- »Ich kenn das aber ganz anders.«

139

XVII. Zeitmanagement

Und natürlich bekommt auch der Teamleiter sein Fett weg:

- »Der hat gar keine Ahnung.«
- »Völlig unfähig.«
- »Ich wäre besser nach Mallorca gefahren und hätte mich dort in die Sonne gelegt!«

Ich weiß dann, das Team ist in der Machtkampf- und Positionierungsphase, das hat mit mir und meiner Teamführung nichts zu tun, denn die haben sie zu diesem Zeitpunkt noch gar nicht kennen gelernt und können sich eigentlich auch gar kein Urteil über irgendetwas erlauben, aber sie machen es dennoch. Egal, das geht vorbei. Dieses Schema läuft ab wie Ebbe und Flut, mal stärker mal schwächer. Da ich weiß, dass es nichts mit mir zu tun hat, kann ich ruhig und gelassen darauf reagieren. Mit etwas Rhetorik und den richtigen Antworten, werde ich denen schon beikommen.

Intimität

Jetzt sind das Gezicke und Gemotze vorbei, und wir haben uns alle lieb. Der Wunsch nach Harmonie und Eintracht ist zumindest da. Um das zu erreichen, interessiert sich die Gruppe nur für sich selbst, andere Belange und Dinge sind zweitrangig. Es bilden sich auch kleinere Grüppchen und Außenseiter heraus. Wenn man mit einer Kindergruppe unterwegs ist, ist das der Moment, in dem die Kinder anhänglich und so zutraulich werden, dass sie den Gruppenführer als Ersatzvater annehmen und bedauern, dass er nicht der tatsächliche Vater ist. In großen gemischten Filmcrews beginnt nun das Flirten und heimliche, verliebte Blicke werden getauscht. Auch werfen die Frauen manchmal ein Auge auf den (immer noch meist männlichen) Regisseur oder Produktionsleiter, die in dieser Situation die Alpha-Tierchen sind. Nur Einfältige meinen, ihr »Erfolg« bei den Frauen, wäre die Folge ihrer unwiderstehlichen Ausstrahlung. Dabei ist es die Gruppendynamik, die diese Situation hervorbringt. Erfahrene Gruppenführer wissen das und lassen sich auf dieses Spiel aus Gründen des Selbstschutzes und ihrer Verantwortung allen gegenüber, nur bis zu einem gewissen Grade ein. Die Aufgabe eines erfolgreichen Leaders ist in dieser Phase, möglichst alle zu integrieren, die Cliquenbildung zu unterbinden und zu verhindern, dass sich die Gruppe nur noch mit sich selbst beschäftigt. Ziel ist es, einen Film zu machen und nicht, eine Nabelschau zu betreiben. Der Leader muss die Gruppe vor sich selbst schützen, um zur nächsten Stufe zu gelangen. Gelingt es, ist er, was die Crew anbetrifft, am Ziel, nämlich im Abschnitt der

Differenzierung

Jetzt weiß jeder, wo es mit der Gruppe langgeht, die Revier- und Positionskämpfe sind ausgefochten und schließlich haben alle ihren Platz in der Gruppe gefunden. Die Crew ist im Idealfall nun stabil und aus Sicht des Regisseurs verlässlich. In diese Phase gilt es, möglichst schnell zu kommen. Denn nur hier herrschen Teamgeist, Professionalität und die Verlässlichkeit, die die Grundvoraussetzung für eine harmonische Zusammenarbeit ist. Auch weiß nun jeder so in etwa, wo er oder sie beim andern dran ist. Allerdings erreichen die Gruppenmitglieder die Phasen nicht zur gleichen Zeit. Jeder hat sein eigenes Tempo, und es wird so sein, dass einige bereits in der Differenzierungsphase angekommen sind, während andere in der Intimitätsphase sind und der Nachzügler noch rumzickt. Schließlich kommt unweigerlich das Ende der Arbeit und somit die

Auflösung

Hier steht die Auflösung und das Loslassen der Gruppe im Vordergrund. Diese Ablösung muss gestaltet werden, ein freundlicher Händedruck und ein simples »Tschüss bis zum nächsten Mal« reichen sicher nicht aus. Hierfür ist eine Drehschluss-Party schon besser. Aber vorher sollte es ein Feed-back für Regisseur, Produktionsleiter und Kameramann geben. Es ist die letzte Chance für den Leader, Souveränität zu zeigen und noch mal das Team und jeden Einzelnen zu loben und seine Stärken herauszustellen. Auch das, was man selbst bei der Führungsaufgabe gelernt und erfahren hat, gehört gesagt, aber Vorsicht: Es darf nicht so sein, dass ein beigelegtes und ausdiskutiertes Missverständnis oder eine Reiberei wieder aufgewärmt werden. Positiv denken und loslassen, ist das Motto.

XVII. Interviews

1. Interview mit Franz Hujber, Oberbeleuchter[48]

F. Hujber hat als Oberbeleuchter u.a. bei folgenden Produktionen mitgearbeitet: DAS BOOT; DIE UNENDLICHE GESCHICHTE; ENEMY MINE; DIE UNENDLICHE GESCHICHTE II; DIE KATZE; ANNA; HERBSTMILCH

AD: Mit welchen Kameraleuten hast Du zusammengearbeitet?
— FH: In Deutschland mit allen, die Rang und Namen haben und international beispielsweise Vittorio Storaro, Gerry Fisher, Paul Wilson, Werner Linker, David Norton, Tom Harrison und anderen. Das sind sowohl Spielfilmkameraleute, als auch aus dem Bereich Werbung.

AD: Worin liegt der Unterschied, wie man einen Spielfilm ausleuchtet oder einen Werbespot?
— FH: In der Art der Beleuchtung. Manche Kameraleute haben sich spezialisiert. So fotografiert der eine nur Autos, der andere nur Porträts, wieder andere machen nur Packshots (beispielsweise Schokolade, die über eine Waffel fließt). Diese Spezialisten beherrschen dann auch perfekt das Licht.

Die Ausleuchtung der Werbung ähnelt einem Stillleben: Die Objekte sind entweder Packshots, oder die Schauspieler machen keine großen Bewegungen, d. h. sie verlassen ihre Position kaum. So können wir äußerst exakt und präzise einleuchten. In der Werbung sind hohe Brillanz und hoher Kontrast wichtig, und das wird mit großen Scheinwerfereinheiten erreicht. Daher ist die Lichtgestaltung sehr aufwendig.

Im Spielfilm gibt es oft Handlungen, bei denen die Schauspieler große Strecken zurücklegen. Mit einer Lampe oder, wie wir es nennen, mit einem einzigen »Grundkonzept« ist das nicht auszuleuchten. Dieses Grundkonzept wird daher vervielfältigt und mehrmals parallel nebeneinander gebaut. Wichtig ist aber die strikte Trennung der Lampen, so dass sich die Schatten nicht überschneiden. Es soll so ausschauen, als wäre es nicht ausgeleuchtet. Dadurch ergeben sich auch ganz andere Stimmungen.

AD: Was heißt »Grundkonzept«?
— FH: Der Film nimmt das Licht nicht so wahr wie unser Auge. Um eine Tiefe im Bild zu erreichen, musst du gewisse Lichter setzen, damit sich der Schauspie-

---

48   Dieses Interview wurde 1990 geführt.

ler vom Hintergrund abhebt. Auch soll der Hintergrund plastisch zu erkennen sein und nicht den Eindruck eines gemalten Hintersetzers erwecken. Um das Gesicht des Schauspielers zu verkaufen, müssen ebenfalls gewisse Lichter gesetzt werden. Wie das gemacht wird, das richtet sich danach, ob Mann oder Frau, nach dem Alter, nach der Form der Nase … und nach der Handlung: d.h. ob das nun eine dramatische Szene ist, oder die Figur an ihre Kindheit denkt oder was auch immer. Ein Oberbeleuchter muss das Drehbuch kennen, genau wie der Kameramann.

AD: Wie erarbeitest Du mit dem Kameramann die Ausleuchtung?
— FH: Ein sehr guter Kameramann zeichnet sich zuallererst dadurch aus, dass er es versteht, Licht zu setzen. Wenn du mit solch einem Profi zusammenarbeitest, dann sagt er dir exakt, was er will. Sein Licht macht die ganze Stimmung am Set, es versetzt auch die Schauspieler in die nötige Stimmung. Zwar kommen die Darsteller durch den Regisseur und auch aus sich heraus dahin, aber das Licht trägt viel dazu bei. Man gestaltet in seinem Leben niemals das Licht gleich. So wie sich eine Einstellung nie wiederholt, wiederholt sich auch nie das Licht. Jede Ausleuchtung ist vollkommen anders und darin liegt auch die Schwierigkeit. (Die einzige Ausnahme davon ist vielleicht ein Packshot.) Man dreht vielleicht 20 verschiedene Schüsse an einem Tag, und jedes Mal ist das Licht eine neue Kreation, und jedes Mal muss es ein gutes Licht sein. Zwischen Kameramann und Oberbeleuchter gibt es eine ›unausgesprochene Übereinkunft‹: Du kannst nicht alles gleich gut hinkriegen, mal machst du ein Superlicht und freust dich mit dem Kameramann und das nächste Mal sagt auch er, jetzt haben wir es nicht so. Man hat dann nicht die Zeit, von vorn anzufangen und das Grundkonzept zu ändern. Bei jeder Einleuchtung baust du dir ein Grundkonzept und nach dem gehst du vor. Es gibt ein gewisses Handwerk, Führung, Aufhellung, Spitze und Kante, aber das macht noch keine Stimmung.

AD: Was macht die Stimmung aus?
— FH: Rein technisch gesehen entsteht eine Stimmung dadurch, dass du ein Set nicht gleichmäßig ausleuchtest. Der Film ist in der Lage, einige Blenden Über- oder Unterbelichtung zu verarbeiten. Mit diesen Hell/Dunkel-Unterschieden und mit Schatten macht man Stimmungen. Das Schwierige bei der Lichtgestaltung ist nicht, irgendwo eine Lampe aufzustellen und die anzuschalten. Das ist erst der Anfang. Die Schwierigkeit ist, aus dem Licht der Lampe etwas zu machen: Schatten zu setzen, Teile des Lichts einzuengen, vielleicht mit einem Verlauffilter oder Farbstreifen einzulegen. Diese Stimmungen folgen oft natürlichen Lichtsituationen. Beispielsweise wenn dort ein Fenster ist, mogelt man vor, das Licht

1. Interview mit Franz Hujber, Oberbeleuchter

käme durch das Fenster. Ist eine Lichtquelle im Bild, so täuscht man wieder vor, als käme das Licht von dieser Lampe, was aber oft nicht der Fall ist.

AD: Hat jeder Kameramann seinen eigenen Stil?
— FH: Ja, absolut, das ist wie eine Handschrift. Du berätst ja deinen Kameramann. Beispielsweise wenn du einen guten Einfall hast, sagst du es ihm, falls er nicht selbst einen Volltreffer landet. Er ist ja der Fachmann, und er wird den Vorschlag wahrscheinlich übernehmen. Als Oberbeleuchter musst du nach spätestens drei Tagen seine Handschrift nachempfinden können.

AD: Nach drei Tagen...?
— FH: Ja, das musst du. Du kannst nichts empfehlen, was du bei jemandem gesehen hast, der eine andere Handschrift hat. Das kann er nicht übernehmen, denn das passt nicht in sein Konzept.

AD: Wie zeichnet sich die Handschrift aus? An welchen Punkten kann man das festmachen? Ist es die Frage, ob er hart oder weich arbeitet?
— FH: Nicht nur. Beispielsweise wundern sich die Produktionsfirmen, warum jetzt Folien gebraucht werden, die bisher noch nie benötigt wurden. Das hängt mit der Handschrift des Kameramanns zusammen. Der eine arbeitet weich und nimmt Glaswolle. Der andere arbeitet auch weich, nimmt aber Frostfolie. Die Folien und Filter machen ganz verschiedene Effekte. Der nächste Kameramann setzt gern Kanten. Eine Lichtkante entsteht, wenn das Licht seitlich auf ein Gesicht fällt. Die Lichtquelle steht dabei fast in Kopfhöhe und der Lichtschein darf nicht in die Kameraoptik fallen. Oft ist es nicht leicht, die Lampe in der Dekoration zu verstecken. Aber es ist ein sehr interessantes Licht für eine gewisse Dramaturgie, beispielsweise für tragische Szenen. Dann gibt es Kameramänner, die mit »totaler Soße« arbeiten, das sind die, die nicht viel vom Licht verstehen. Licht ist immer ein Risiko, du musst immer riskieren.

AD: Was heißt »Soße« hier?
— FH: Es sind keine Stimmungen und Schatten mehr vorhanden. Im Bild sind keine Ecken, die wesentlich ins Dunklere abfallen. Es passiert beispielsweise nie, dass eine Person aus der Dunkelheit ins Licht tritt. Technisch heißt das, es herrscht eine gleichmäßige Leuchtdichteverteilung. Die Herstellung ist natürlich leicht, man macht es einfach hell. Es sieht aber unmöglich aus, denn das Set wirkt optisch so flach, dass der Zuschauer meint, hinter dem Schauspieler sei alles gemalt. Die beste Originaldekoration sieht nur wie ein gemalter Hintersetzer aus, wenn sie nicht fachmännisch ausgeleuchtet wird.

145

XVII. Interviews

AD: Wie ist Dein Verhältnis zu einem »Soßen-Kameramann«?

— FH: Das Verhältnis ist immer gleich gut, egal ob der Kameramann berühmt ist oder nicht, oder wie sein Stil ist. Der Kameramann ist immer der Boss des technischen Teams und somit auch meiner. Das ist oberstes Gesetz. Es ist nicht möglich, in dem Job zu arbeiten, wenn du deinem Kameramann gegenüber nicht loyal bist. Das musst du auch in dem Team durchdrücken. Geht das nicht, dann muss man die Leute austauschen.

AD: Wie leuchtet ein Kameramann das Set aus, womit fängt er an?

— FH: Das hängt vom Set ab. Ist es ein Trickset, ist es im Studio gebaut, ist es ein Originalset? Wenn es im Freien ist, kommt es auf das Wetter an. Ideal ist eine geschlossene, nicht zu dunkle Wolkendecke, aber es darf nicht regnen.

AD: Nehmen wir ein Zimmer.

— FH: Okay, sagen wir, es ist ein Tagdreh, man kann davon ausgehen, dass das Licht durch die Fenster kommt. Also setzt man von außen schwere Einheiten durch die Fenster, weil die Scheiben einiges weg reflektieren.

AD: »Schwere Einheiten«, heißt das 4-kW-Lampen?

— FH: Wenn es ein großes Fenster ist, und es ist im Bild zu sehen, und wenn die Lampe weiter weg steht, dann können auch 12 kW nötig sein. Ist es ein kleines Bauernstubenfenster, so wie in dem Kinofilm HERBSTMILCH, dann reicht 2,5 kW. Aber für ein heute übliches Fenster reicht eine 2,5 nicht mehr, denn um den erforderlichen Lichtkegel als Sonnenschein zu verkaufen, sind mindestens 4 kW nötig. Der Standort der Lampe vor dem Fenster hängt davon ab, in welcher Ecke des Raumes die Schauspieler agieren. Das Scheinwerferlicht ist ein hartes Führungslicht, das harte und tiefschwarze Schatten verursacht. Diese sehr dunklen Schatten werden auf dem Film nur detaillos wiedergeben, daher müssen diese Schatten aufgehellt werden. Damit sind dann die Personen ausgeleuchtet. Im nächsten Schritt geht es um die Details. Meistens lässt mich der Kameramann durch die Kamera schauen, damit ich einen Eindruck bekomme. Beispielsweise ist unter dem Tisch so wenig Licht, dass es dort nur schwarz ist. Im späteren Film sähe es so aus, als wäre es bei Nacht gedreht worden, was aber nicht der Fall ist. Also muss man dort etwas »reinpudern«. Das Licht muss schattenlos sein, also nicht über eine weitere Lampe mit Diffusor, sondern es muss absolut indirekt eingebracht werden. Nun ist die Szene vielleicht so, dass die Schauspieler um den Bauerntisch herumsitzen, hierbei müssen sich die Darsteller optisch von den Wänden abheben, sonst wirkt es unecht. Für diese Trennung muss genau gegen die Kamera ein Spitzlicht gesetzt werden, die den Schauspielern von hinten auf die Köpfe scheint, so dass sie sich von der Wand lösen. Die Spitze muss in jeder

Ausleuchtung das stärkste Licht sein, aber das Licht darf dabei natürlich nicht in die Optik scheinen.

AD: Das »stärkste«?
— FH: Nicht von der Wattzahl der Lampe her, sondern bezogen auf die Blende, die der Kameramann an dieser Stelle misst. Minimum 30 % über allem anderen, da das Licht von hinten auf den Schauspieler fällt und nur den Rand der Silhouette etwas nachzeichnet. Als Nächstes kommt das Licht für die Accessoires, die noch herausgehoben werden müssen. Schließlich die Frage: Ist es ein stehendes Bild, ein Schwenk, oder eine Fahrt? Geht ein Schauspieler durchs Bild, so wird der Weg ausgemessen, damit die Person nicht zu hell oder zu dunkel erscheint. Geht sie zu nah an einer Lampe vorbei, dann »brennt sie ab«, d. h. sie überstrahlt völlig, und es sieht furchtbar aus. Der Zuschauer sieht sofort, dass dort eine Filmlampe steht, auch wenn der Scheinwerfer außerhalb des Bildes platziert ist. Dies wird dann korrigiert und der Weg für den Schauspieler markiert.

AD: Je komplizierter der Gang, der Schwenk oder die Fahrt...
— FH: ...umso komplizierter wird der Aufbau, stimmt. Beim Licht denken die Leute immer nur: Stativ, Lampe, Verkabelung und fertig. Aber das ist das Wenigste. Das, was nun kommt, beispielsweise einen Drahttüll rein, Tore kaschen, abschatten, Verlaufsfilter rein oder von unten eine halbe ND-Folie vor die Lampe bringen, das ist das Entscheidende. Das sind die Arbeiten, die ein gutes Auge erfordern. Das Team bekommt diese Sachen nicht so mit, weil es die Wirkung nicht sieht. Nur wenn man an der Lampe steht oder durch die Kamera blickt, bemerkt man die Nuancen, die sich verändern.

AD: Wie gehst Du bei einem Trickset vor, beispielsweise bei einem Modellgebirge?
— FH: Hier arbeiten wir mit Three-Quarter Backlight, also mit sehr starkem Gegenlicht drei-viertel von hinten. Das sind sehr starke Einheiten, also »Ballermänner« von 10 kW. Wenn man sich das Set als Kreis vorstellt, steht die Kamera bei 0°. Genau gegenüber, bei 180°, wäre Gegenlicht. 90° bzw. 270° links und rechts würde sich eine Kante ergeben. Das Three-Quarter Backlight steht zwischen Gegenlicht und Kante. Das ist die Startposition. Von dort aus wandert man etwas mit der Lampe und beobachtet dabei die Schatten, wie sie am günstigsten fallen.

AD: Warum fast Gegenlicht?
— FH: Nun, unter dieser Ausleuchtung wirkt ein Trickset wie ein natürliches Set. Das richtige Licht macht es glaubwürdig. Die allgemeine Helligkeit kommt

XVII. Interviews

durch Softlights (Seite 63ff.) von oben. Bestimmte Farbfolien werden in Space-light-Säcke (Seite 43) gehängt, um es natürlich erscheinen zu lassen. Der Rest ist dann das Akzentuieren von einzelnen Sachen. Dies sind aber nur die ersten Schritte, so fängt man an und baut dann weiter.

AD: Wie geht man bei einem Packshot vor?
— FH: Bei einem Packshot arbeitet man fast generell mit Hohlkehlen. Ich hab jetzt eine Butterwerbung gemacht, bei der die Butter auf einer weißen Plexi-glas-Voute lag und von unten beleuchtet wurde. Oft ist die Hohlkehle auch aus schwarzem, glänzenden Material oder farbigem Fotokarton, es ist fast alles mög-lich. Von oben wird durch große, mit Frostfolie bespannte Rahmen, leichtes Ge-genlicht eingebracht. Von der Kamera her kommt die Aufhellung indirekt über große Aufheller. Mit kleinen Lampen werden viele Akzente auf die einzelnen Produkte gesetzt oder aber auch nur auf eine einzelne Schrift auf einem Pro-dukt. Das Licht aus diesen Lampen wird mit unterschiedlichen Abschattern, wie beispielsweise Frenchflags, millimetergenau abgekascht. Es kommt vor, dass auf 4 bis 6 m² oft 30, 40 oder 50 Stative stehen.

AD: Wie lange braucht man zum Einleuchten?
— FH: Es ist keine Seltenheit, dass man einen halben bis einen dreiviertel Tag einleuchtet. Man sagt zwar vorher, wir brauchen drei Stunden, aber es wird meist unterschätzt.

AD: Ist der Lichtaufwand für einen Werbespot höher als für eine Spielfilm-szene?
— FH: Ja, man arbeitet mit höheren Blenden, daher braucht man auch mehr Licht. Die hohe Blende bringt einen hohen Kontrast und eine größere Brillanz. Der Grund liegt in den kurzen Schnitten, die oft nur eine Sekunde oder weniger betragen. Soft ausgeleuchtete Bilder prägen sich nicht so schnell ein. Um etwas beim Zuschauer zu bewirken braucht man »Dampf«, daher auch große Einheiten. Für den Maskenbildner treten enorme Schwierigkeiten auf, denn es herrscht eine »Bullenhitze« am Set, und die Schminke auf den Gesichtern verläuft ständig. Ähn-lich ist es auch, wenn man mit Schokolade oder Butter dreht.

AD: Wie kühlt ihr diese Dinge?
— FH: Man könnte die Butter im Innern mit Trockeneis präparieren. Bei Scho-kolade werden chemische Stoffe eingemischt, um eine gewisse Zähigkeit zu er-langen. Bei Milch kommen ebenfalls Zusätze rein, damit die Milch optisch inter-essant fließt. Die Produkte werden für die Aufnahme so präpariert, dass man den Genuss dieser Dinge vielleicht nicht überleben würde.

1. Interview mit Franz Hujber, Oberbeleuchter

AD: Gibt es Kameraleute, die beides, d.h. Werbung und Spielfilm, perfekt beherrschen?
— FH: Ja, gibt es. Das ist dann die höchste Kategorie.

AD: Ist der Unterschied zwischen Werbung und Spielfilm wirklich so groß? Die amerikanischen Produktionen beispielsweise haben doch auch ein sehr ausgefeiltes Licht.
— FH: Um gute Bilder zu machen, brauchst du viel Licht, alles andere ist nichts. Ein amerikanischer Kameramann kriegt bei einer deutschen oder bei einer amerikanischen Produktion das Licht, das er haben will. Zusätzlich bekommt er noch eine gewisse Reserve, denn oft ist er an das Tageslicht und an die Witterung, die er nicht im Vorhinein kennt, gebunden. Einem deutschen Kameramann werden in diesem Punkt hingegen oft große Schwierigkeiten gemacht: Von ihm wird verlangt, dass er das, was er auf dem Lastwagen hat, auch ständig einsetzt. Technisch ist das aber nicht machbar, denn er muss für unterschiedliches Licht verschiedene Lampen haben. Nur zu einem geringen Teil ist das bereits aus dem Drehbuch ersichtlich, denn oft wird der Einsatz durch die Wetterverhältnisse bestimmt. Auch sind nicht alle Lampen miteinander kombinierbar.

AD: Warum nicht?
— FH: Die Charaktere der Lampen sind unterschiedlich. Es gibt Kunstlicht und Tageslicht, und es gibt Stufenlinsenscheinwerfer und Flächenleuchten. Bei den Stufenlinsen lässt sich das Licht sehr gut richten und kontrollieren. Das Licht einer Flächenleuchte ist nicht kontrollierbar, dafür ist es aber weicher und leuchtet eine größere Fläche aus. Eine Stufenlinse lässt sich weiter wegstellen, und das Licht ist besser zu begrenzen. Eine Flächenleuchte müsste so nahe stehen, dass die Lampe vielleicht im Bild wäre. Andererseits füllt ein einzelner Stufenlinsenscheinwerfer nicht alles aus, man braucht mehrere. Man stellt also mehrere parallel und trennt sie von einander, so dass es trotzdem nur einen Schatten gibt. Wir nennen das »Verlängern«. Es muss immer aussehen, als würde es nur von einer Lichtquelle beleuchtet werden. Das ist schwierig und macht das Ausleuchten aufwendig.

AD: Diesen Aufwand akzeptiert man also in der Werbung und bei amerikanischen Kameraleuten?
— FH: Ja, aber ein wesentlicher Aspekt kommt noch hinzu: Bei einem Spielfilm gibt es eine Disposition. Der Kameramann und der Regisseur müssen das Tagespensum schaffen. Dadurch entsteht ein Zeitdruck. Zwar hat man diesen Zeitdruck bei einem Werbespot auch, aber schafft man ein »Superlicht«, ist es gar keine Frage des Verzeihens, wenn man fünf Stunden länger braucht für eine Einstellung. Der Auftraggeber und die Agentur sind mit am Set und würden sonst

XVII. Interviews

keine Ruhe geben, bis sie zufrieden sind. Beim Spielfilm muss der Kameramann oft wider besseres Wissen arbeiten, oftmals würde er es anders machen, aber er hat die Zeit nicht. Das ärgert viele Kameraleute, denn im Abspann steht ihr Name, und manche sagen dann, mehr könne der Kameramann nicht.

2. Interview mit Axel Block[49]

Axel Block arbeitet seit 1973 als Kameramann und ist seit 1997 Professor im Bereich Angewandte Bildästhetik an der Hochschule für Fernsehen und Film München.

Zusammenarbeit mit:
Peter Adam, Hartmut Bitomsky, Thomas Brasch, Heinrich Breloer, Peter F. Bringmann, Herbert Brödl, Franziska Buch, Wolfgang Büld, Doris Dörrie, Ingemo Engström, Harun Farocki, Hajo Gies, Martin Gies, Dagmar Hirz, Ilse Hofmann, Uwe Janson, Dietmar Klein, Gabi Kubach, Jeanine Meerapfel, Reinhard Münster, Marco Petry, Leidulv Risan, Bernhard Sinkel, Kadir Sözen, Burkhard Steger, Ula Stöckl, Rolf von Sydow, Maria Theresia Wagner, Sharon von Wietersheim, Helmut Wietz, Margarethe von Trotta

Wichtige Produktionen:
ICH BIN DIE ANDERE – BIBI BLOCKSBERG II – DIE KLASSE VON ›99 – UNSERE MUTTER IST HALT ANDERS – AUFFORDERUNG ZUM TANZ – DIE WELT IN JENEM SOMMER – HIGHWAY 40 WEST – DANNI – TATORT – SCHLAF DER VERNUNFT – FLUCHT IN DEN NORDEN – BETROGEN – ZABOU – PSEUDO – LA AMIGA – DER 8. TAG – DER PASSAGIER – DER KINOERZÄHLER – THE SUNSET BOYS – EINMAL MACHT UND ZURÜCK – SCHIMANSKI – IM INNEREN DES WALS – SCHULE – BELLA BLOCK – GOTT IST TOT

Preise/Auszeichnungen:
Deutscher Kamerapreis 1984 (Förderpreis Spielfilm), Festival de Cine Argentino Premio Lucas Demare a la Mejor Fotografia 1989, Bundesfilmpreis 1990, Bayerischer Filmpreis 1990

AD: Glauben Sie, dass Sie einen eigenen Stil haben?

— AB: Ich glaube, dass das, was man in einem Film macht, eine gewisse Unverwechselbarkeit hat. Es ist natürlich abhängig vom jeweiligen Film, von der Inszenierung und vom Thema, aber ich bin der Meinung, dass man sehen kann, wer es gemacht hat, zwar nicht Einstellung für Einstellung, aber doch insgesamt. Ich erkenne schon, ob ich eine Sache gedreht habe oder nicht.

Wahrscheinlich möchte jeder Kameramann einen eigenen Stil haben, als Identifizierungsmerkmal für sich selbst und andere. Es würde mich auch interessieren, wieweit man diese Stilkriterien von außen nachvollziehen kann.

AD: Woran erkennen Sie Ihre eigenen Filme?

---

49   Das Interview wurde 1991 geführt.

XVII. Interviews

— AB: Es sind zwei verschiedene Aspekte, mit denen man als Kameramann zu tun hat: Da ist einmal die optische Seite, die bei uns dem Kameramann mehr überlassen wird als beispielsweise in Amerika.

AD: »Optisch« heißt hier *Kadrierung*[50], Bildgestaltung?
— AB: Ja, Kadrierung, bis hin zur optischen Auflösung. Es gibt viele Regisseure, die vom Theater kommen oder mehr auch Autoren sind und daher auch mehr mit Schauspielern arbeiten. Die ganze Szene wird durchgestellt und die optische Auflösung dann fast vollständig dem Kameramann überlassen. Das ist nicht unbedingt eine Freiheit, denn dahinter steht eine bestimmte Erwartung: Man soll die Schauspieler immer möglichst gut erkennen. Ich kenne wenige Regisseure, die von bestimmten Einstellungen ausgehen. Damit meine ich nicht bestimmte Bilder, sondern das Denken von Einstellung zu Einstellung und das Arbeiten danach. In der Regel wird die Szene durchgestellt und dann optisch aufgelöst, mehr in der *Mastershottechnik*[51], als dass man chronologisch dreht. Dadurch hat man als Kameramann die Möglichkeit, die Kadrage in Absprache weitgehend zu bestimmen – sicher mehr als im amerikanischen Film, vermute ich. Häufig heißt das auch, dass der Kameramann die Kameraposition, den Bildausschnitt beziehungsweise die Einstellungsgröße festlegt. Es gibt Leute, die ambitionierter und Leute, die weniger ambitioniert vorgehen. Ich meine das jetzt nicht wertend, denn auch eine ambitionierte Kameraarbeit kann etwas herausarbeiten, was für den Film nicht gut ist.

AD: Meinen Sie, dass Sie eher von der Kadrage her zu erkennen sind als vom Licht?
— AB: Es gibt Einstellungen, die eine Sichtweise haben, mit der ich mehr anfangen kann. Das sind Einstellungen, die die Augenhöhe verlassen. Das ist manchmal eine Einstellung, die die Vorgänge interpretiert und der Handlung widerspricht. Ich denke, dass es manchmal besser ist, in einem spannenden Moment wegzugehen als ranzuspringen. Es gibt Situationen, in denen es besser ist, weniger zu sehen als mehr. Es ist oft spannender, wenn man mehr hätte sehen wollen, als wenn man zu viel gesehen hat.

AD: Wenden Sie das auf die Lichtgestaltung auch an?
— AB: Das lässt sich auch auf das Licht übertragen. Ich denke aber, dass die Lichtsituation, die ich an einem Originalmotiv vorfinde, oft sehr viel besser ist als

---

50 Kadrierung (oder Kadrage) ist das Festlegen der Position eines Objekts innerhalb eines Bildrahmens.
51 Mastershottechnik bedeutet, dass die Szene einmal ganz durchgespielt und als Totale aufgenommen wird, die Großaufnahmen anschließend gedreht und später an entsprechender Stelle hineinmontiert werden.

die, die man mit geringem Aufwand herstellen kann. Wenn man in diesem Raum beispielsweise zwei, drei Scheinwerfer anmacht, ist sehr viel von der Stimmung kaputt. Ich arbeite gern mit dem, was da ist, wobei das, was da ist, ja auch herstellbar ist. Dass hier eine Lampe brennt und dort eine brennt, muss ja kein Zufall sein, man kann den Raum so einrichten. Man kann Vorhänge vorziehen oder offenlassen, man kann eine Tür schließen oder öffnen, man kann im Nebenraum Licht einschalten und so weiter. Ich arbeite also mit den Lichtquellen, die da sind und mit denen man auch umgehen kann. Manchmal geht es nicht, weil die vorgefundene Lichtsituation für die Szene, die gedreht werden soll, falsch wäre. Wenn das Originallicht nicht ausreichend oder richtig ist, bedeutet das viel Aufwand. Es gibt aber auch immer eine gewisse Anzahl von Szenen, die sehr flexibel sind für die Lichtsituation. Sie haben keine emotionale Qualität, es werden Informationen weitergegeben.

AD: An was für Szenen denken Sie?
— AB: Das sind Szenen, in denen der Lauf der Story weitergebracht wird, und die vom Buch oder der Inszenierung keine weitere Qualität bekommen. Die Tür geht auf, jemand kommt rein, fragt drei Sätze, bekommt drei Sätze zur Antwort, geht wieder, und der Zuschauer weiß mehr. Das sind Szenen, die vielleicht in Büros spielen oder in Räumlichkeiten, bei denen man die Lichtsituationen kennt, man weiß, wie die aussehen. Wenn man in diesen Räumen etwas anderes machen will als das Bekannte, ist das ein großer Aufwand. Ich glaube auch, ein solches Zerstören der bekannten Situation würde oft nur eine Aufmerksamkeit erregen, die der Szene in keinster Weise angemessen ist. In einem solchen Fall finde ich es besser, mit dem umzugehen, was man dort vorfindet. Wir sind ja heute in der glücklichen oder unglücklichen Situation, dass man fast immer drehen kann, ohne dass es vom technischen Standpunkt her Schwierigkeiten gibt. Die Optiken und Filme lassen das zu. Wenn man dann mit dem Licht gestaltet, soll man es nicht aus Konvention tun, sondern aus Überlegung.

AD: Man kann die Kameraleute in zwei Gruppen einteilen: Die einen, die von der Nouvelle Vague her kommen, arbeiten mehr mit weichem, indirektem Licht. Die anderen arbeiten eher direkt; mit Stufenlinsenscheinwerfern oder kleinen Einheiten leuchten sie ein Bild pointillistisch aus. Können Sie sich einer der beiden Richtungen zuordnen?
AB: Ja, eindeutig der ersten Richtung. Ich kenne heute nur noch ganz wenige Beispiele für den zweiten Stil, der – zeitlich gesehen – eigentlich der Erste war, die mich beeindrucken.

AD: An wen denken Sie da?

XVII. Interviews

— AB: In Deutschland an Gernot Roll. Den schätze ich sehr, er arbeitet ganz anders, als ich es machen würde. Ich sehe bei ihm immer etwas von einer Besessenheit, die mich fasziniert und interessiert. Viele Kameramänner dieser zweiten Gruppe arbeiten aber so, als wollten sie einem handwerklichen Anspruch genügen; das ist mir dann einfach zu wenig. Dieser Stil hat mittlerweile einen Grad an künstlich hergestellter Zufälligkeit erreicht, der kaum noch zu übertreffen ist. Er interessiert mich, weil er nicht mit dem Gestus »Schaut mal, was wir Tolles gemacht haben!« daherkommt.

AD: Wie sieht das aus, wenn Sie schwarzweiß fotografieren? Dann ist doch der zweite Stil geeigneter?
— AB: Das hab' ich auch gedacht, und so habe ich SCHLAF DER VERNUNFT fotografiert. Ich habe das sehr kontrastreich und direkt ausgeleuchtet. Ich glaube aber, dass man heute mit Schwarzweiß anders arbeiten kann, als man es lange getan hat.

AD: Was würden Sie anders machen?
— AB: Ein besonders großer Kontrast in einem Bild hat nichts damit zu tun, ob man mit gerichteten oder diffusen Lichtquellen arbeitet. Ich finde die Paarung »großer Kontrast und weiches Licht« spannender als das, was man sofort erwartet, wenn man von einem großen Kontrast spricht: Man denkt sofort an scharfe Schattenkonturen. Ich habe 1988 einen kleinen, unabhängigen 16-mm-Film in Schwarzweiß gemacht, fast nur Studioaufnahmen, mit sehr wenig Geld, ich habe die Szenen fast nur indirekt ausgeleuchtet. Der Kontrast ist genauso stark wie in SCHLAF DER VERNUNFT. Der Film heißt PSEUDO, ein kleines Fernsehspiel. Die Arbeit hat mir großen Spaß gemacht. Ohne die beiden Filme jetzt gegeneinander abwägen zu wollen, würde ich bei künftigen Schwarzweißfilmen wieder mit indirektem Licht arbeiten, wie bei PSEUDO.

AD: Was haben Sie inhaltlich bei PSEUDO mit dem Stil verbunden?
— AB: Da wir den Film fast ganz im Studio gedreht haben, hat es mich interessiert, ob man es mit Schwarzweiß schafft, so zu arbeiten, dass dieses Studio nicht als Studio hervortritt; ob man Lichtsituationen herstellen kann, die man mehr außerhalb von Studios erwartet. Es war natürlich auch ein technisches Interesse, aber das braucht ja einer inhaltlichen oder dramaturgischen Betrachtung nicht entgegenzustehen. Die Frage, ob man eine Szene hell oder dunkel macht, ob man mit großen oder geringen Kontrasten arbeitet, also Überlegungen, die mehr von der Szene oder vom Stil eines Films ausgehen, haben weniger damit zu tun, ob man mit diffusen oder gerichteten Lichtquellen arbeitet.

AD: Die Frage war, ob es einen direkten inhaltlichen Anspruch gegeben hat.

— AB: Das war ein Stoff, den man als Fünfzigerjahre-Stoff hätte ansehen können. Ich finde es uninteressant, wenn man sagt: Aha, Fünfzigerjahre, dann soll er auch so aussehen, als hätte man ihn damals gedreht. So wie einige Leute denken, wenn man einen Film über einen Maler macht, dann müsste der auch so aussehen, als hätte der Maler den Film gemacht. Das sind Schnellschussüberlegungen.

AD: Ist es so, dass Sie sagen: Im Rahmen der dramaturgischen Möglichkeiten entwickle ich meinen Stil weiter und probiere Dinge aus?

— AB: Ja, das Ausprobieren kann natürlich auch eine Leidenschaft werden. Bei Schlaf der Vernunft war es so. Ich habe mich dafür begeistert, etwas Neues auszuprobieren – da noch einen Trick vorzuführen, hier noch ein bisschen flackern zu lassen. Da kann man sich sehr schnell von einem Film entfernen.

AD: Können Sie ein konkretes Beispiel nennen?

— AB: Erstmal war es das grundsätzliche Erscheinungsbild des Films, wir haben das Gamma[52] sehr stark angehoben. Die ersten Tests, die ich nach Jahren wieder mit Schwarzweiß gemacht habe, fand ich einfach zu langweilig. Es sah aus, wie man Schwarzweiß kannte, mit all seinen Vorteilen: Man macht eine Aufnahme von irgendetwas, und nur weil es Schwarzweiß ist, ist es schon irgendwie gut, und alle sind begeistert. Dieses schon hundertmal gesehene Schwarzweißbild hat mich nicht mehr gefesselt. Deswegen haben wir mit dem Gammawert experimentiert, ihn sehr stark angehoben. Irritiert hat mich bei den Tests eine Brillanz, selbst bei großen Überstrahlungen waren alle Konturen ganz scharf da. Bei einem Fenster sah das Fensterkreuz wie mit dem Lineal gezogen aus. Das, in Verbindung mit dem Schwarzweiß schien mir so fahl zu sein, auch wenn der Kontrast da war. Die Überstrahlungen, die ich erreichen wollte, um einen möglichst großen Kontrast zu haben, waren aber keine Überstrahlungen im Sinne von Strahlen, sondern nur helle Flächen mit scharfen Konturen. Deshalb habe ich die Objektive durch Lowkontrastfilter verschlechtert. Der Filter verwischte die Konturen. Der Kontrast wurde aber durch die Anhebung des Gammas wieder erhöht, und die schwarzen Bildanteile wurden tiefschwarz gehalten. Mit dem Lowkontrastfilter allein wäre es eine flache, milchige Soße geworden.

AD: Die Lichter wären da gewesen, aber keine Schatten mehr.

— AB: Ja, das Schwarz hätte gefehlt. Durch dieses Verfahren hatten wir dann diese gewünschten Überstrahlungen.

AD: Die Mitteltöne haben sicher gefehlt?

---

52 Gemeint ist der Gammawert (vgl. Kapitel XVI.1, Seite 124).

XVII. Interviews

— AB: Klar, wenn man eine steilere Gradation hat, sind die Mitteltöne nicht so differenziert. Bei den Hauttönen musste man schon ziemlich aufpassen, dass die nicht weiß wurden, ausgenommen in den Szenen, in denen das gewünscht war. Es war immer eine Mischung zwischen diffusem Licht und scharf konturierten Lichtquellen, die die Überstrahlungen erzeugt haben. Wenn ich mal einen tollkühnen Vergleich wagen darf: Es war eine Umkehrung dessen, was Eugen Schüftan in dem Max-Ophüls-Film OHNE EINEN MORGEN gemacht hat. Zumindest sehe ich das so. Wenn die Frage nach Vorbildern kommt, dies wäre eins. Schüftan setzt in diesem Film die Normalbelichtung nie auf den Gesichtern an; die sind immer unterbelichtet, liegen im Schatten. Auf den Kleidern, auf den Möbeln gibt es immer Bereiche, die richtig belichtet sind, aber die Personen selbst bewegen sich im Gedämpften bis Dunkeln, ohne dass er aber auf Bereiche der normalen Belichtung verzichtet. Ich habe das insofern verschoben, als dass ich die Gesichter oft im Normalbereich gelassen und demgegenüber Bereiche von extremer Überstrahlung gesetzt habe.

AD: Wieweit konnte der Regisseur das im Vorfeld nachvollziehen?
— AB: Ich habe Tests gemacht, die wir gemeinsam, die Regisseurin Ulla Stöckel, einige der Schauspieler und ich, angeschaut haben. Es ist natürlich schwer, das nur rein theoretisch zu besprechen.

AD: Wieweit hat für Sie die logische Lichtführung von Hilmar Mehnert Gültigkeit?
— AB: Da ich sehr stark mit den vorgefundenen Lichtquellen arbeite, ist das für mich kein großes Problem. Heutzutage ist das Primat nicht mehr so sehr die Art von Schönheit wie noch in den Fünfziger-, Sechzigerjahren, als noch viel mit direktem Licht gearbeitet wurde. Ich kenne auch die Interviews mit alten Kameraleuten, die immer gesagt haben, sie würden streng logisch ausleuchten. Wenn rechts das Fenster war, dann kam natürlich das Führungslicht von rechts und so weiter. Schaut man sich aber die Filme an, dann merkt man, dass das so konsequent von vorn bis hinten auch nicht stimmt. Beispielsweise kommt zwar der Scheinwerfer durch das Fenster, fällt aber nur auf den Hintergrund. Das Gesicht wird von der anderen Seite her beleuchtet. Die Schönheit spielt wie gesagt heute nicht mehr so eine Rolle. Selbst bei Porträts hat sich das gewandelt, heute versucht man doch, mehr das Besondere, das Interessante herauszustellen als das klassisch Schöne. Auch die Werbung geht diesen Weg. Diese neue Art der Lichtführung stellt einen Gegensatz zur logischen Lichtführung dar. Gerald Millerson[53] gibt in seinem Buch richtige Gebrauchsanweisungen dafür, wie man schattieren

---

53 Gerald Millerson: »Technique of Lighting for Television and Motion Pictures«, London, Boston 1982.

muss, damit ein Gesicht schön, d. h. möglichst eben ist, um eine Norm zu erfüllen. Davon ist man weg. Für mich heißt das nicht, dass man so ausleuchten soll, dass die Leute hässlich aussehen. Ich versuche, das durch die Position zum Licht zu korrigieren. Im Freien ist das eher ein Problem, man hat sehr wenig Einfluss auf die Lichtquelle. Ich habe jetzt in Südamerika einige Male gedreht, wo man es oft mit der Sonne im Zenit zu tun hat. Unter diesem Licht sehen die Schauspieler furchtbar aus. Da kann man nur die Position zum Licht ändern oder Porträts außerhalb der Mittagszeit drehen.

AD: Würden Sie in einer Großaufnahme ein anderes Licht machen als in der vorausgegangenen Totalen?
— AB: Ich denke, man muss unter Umständen für die Großaufnahme ein völlig anderes Licht machen. Beispielsweise sitzt eine Person in einem dunklen Raum vor einer hellen Wand und ist mit einem Spot beleuchtet. In der Totalen wäre nur relativ wenig Fläche hell, die folgende Großaufnahme würde aber streng logisch genommen sehr hell sein. Das springt dem Zuschauer ins Auge, betont zu sehr den Schnitt. Damit dies nicht geschieht, müsste man in der Großaufnahme mit einem Schatten arbeiten, der in etwa die gleiche Helldunkelverteilung bringt wie die Totale. Dies gilt auch für diffus ausgeleuchtete Szenen.

AD: Wie setzen Sie Farbe ein? Nutzen Sie farbiges Licht dramaturgisch?
— AB: Nicht in dem Sinne, dass ich sage, »dieser Schauspieler wird immer rot angeleuchtet, dieser grün und der nächste gelb«, obwohl es diese Theorien gibt. Bei Farbe haben alle Angst. Fast vor jedem Film gibt es Diskussionen darüber, wie man möglichst farbensättigt arbeiten kann. Einige erhoffen sich, dass man es mit einem Filter machen kann, bei anderen hat das eine größere Konsequenz, wie beispielsweise bei dem Film DER PASSAGIER, bei dem die ganze Dekoration in Schwarzweiß war. Wir haben viel im Studio gedreht und hatten auch die Außenmotive, die Originalschauplätze, ganz gut im Griff. Wir haben auf einige Drehorte verzichtet, weil es dort nicht durchführbar war. In dem Film gibt es nur Schwarzweiß in Abstufungen und Rot. Es ist mit Farbe ziemlich bewusst umgegangen worden. Hier ist die Farbe von der Dekoration hergekommen. Die Farbensättigung kommt vom Kopierwerk, mittlerweile hat man dort mehr Erfahrung. Farbiges Licht sehe ich eigentlich mehr an den Schauplatz gebunden. So wie Vittorio Storaro es eingesetzt hat, in dem Episodenfilm über New York[54]: In allen Außenszenen sind Aufnahmen der untergehenden Sonne mit Farbeffektfolien gestaltet worden – hat wohl eher sportlichen Charakter.

---

54 Vgl. auch Seite 103. Gemeint ist hier die Episode »Leben ohne Zoe« von Francis Ford Coppola.

XVII. Interviews

AD: Ich meinte es so, wie es in der Werbung eingesetzt wird, beispielsweise farbige Lichtsäume, die Räume wärmer erscheinen lassen.

— AB: Mehnert beschreibt auch dieses Geborgenheitsgefühl, es gibt psychologische Gutachten und Arbeitsplatzuntersuchungen darüber, und den Gedanken will ich grundsätzlich nicht ablehnen. Oft ist der auch für die Lichtführung interessant, aber so konsequent habe ich das noch nicht durchgezogen. Es ist nicht nur eine Sache des Kameramannes. Es nutzt mir nichts, eine Szene warm auszuleuchten, wenn ich im Hintergrund drei grüne Buchrücken habe oder Farbflecken, die das alles wieder aufheben. Ich glaube eher, diese Vielfarbigkeit ist das, was unsere Filme ausmacht und letztlich auch farblich zerstört.

AD: Sie sagten gerade, dass oft eine Diskussion über die Entsättigung von Farben vor dem Dreh einsetzt. Ist das der heimliche Wunsch, doch in Schwarzweiß zu drehen?

— AB: Meiner Meinung nach ist das ein Unbehagen darüber, dass man in vielen Filmen eine Inflation von Farben sieht.

AD: Wählen Sie das Filmmaterial danach aus?

— AB: Das ist eine der Überlegungen. Wir sind allerdings nach jedem Materialtest überrascht, wie gering die Unterschiede zwischen den Filmen sind, oder wie gut das Material ist, von dem wir dachten, es sei für diesen Film nicht so geeignet.

AD: Ist die Farbentsättigung nicht auch eine Modesache?

— AB: Alles ist natürlich auch modischen Strömungen unterworfen. Ich sehe aber eine andere Tendenz. Die Hersteller von Geräten und Filmmaterialien sind auf dem Weg, ein immer perfekteres Abbild dieser Welt zu erzeugen. Die Farbwiedergabe wird immer getreuer, die Auflösung wird immer besser, immer schärfer, man soll am Ende gar nicht mehr sehen, dass man auf einen Film schaut. Die Anwender aber machen genau das Gegenteil, die versuchen das, was die Industrie an Perfektionismus erzeugt hat, wieder zu zerstören. Filmmaterial wird *forciert*[55], es wird mit Farbentsättigung gearbeitet, die Kontraste werden so gewählt, dass die Objektive sie nicht wiedergeben können. Dies sind zwei gegenläufige Bewegungen, die erst möglich wurden, als die Technik einen bestimmten Stand erreicht hatte. Wenn ich mir Datenblätter von Kopierwerken und Filmherstellern anschaue und dann ästhetisch anerkannte Filme, so muss ich sagen, dass die das Gegenteil von dem gemacht haben, was der Hersteller empfiehlt.

AD: Was sagt der Sender dazu?

---

55 Dadurch wird die Empfindlichkeit des Films gesteigert.

— AB: Dadurch, dass die Filmabtaster besser geworden sind, hat sich das Verhältnis entkrampft. Das Problem ist aber, dass sich die Fernsehanstalten nicht für das Filmbild interessieren, sondern für den Oszillographen[56]. Der deutlichste Ausdruck davon ist jetzt dieses Emblem, das einige Fernsehanstalten einblenden, und man den Eindruck hat, dass das Bild nur noch der Untergrund dafür ist. Das Filmbild selbst interessiert nur noch, wenn man Angst hat, dass Zuschauer anrufen könnten. Man führt keine ästhetische Auseinandersetzung, sondern eine messtechnische. Merkwürdigerweise wird aber das Ergebnis, das man dort vorführt, wieder akzeptiert, wenn man es als gewollt ausgibt. Unter Umständen muss die Fernsehansagerin nicht nur den Inhalt des Films erzählen, sondern auch noch sagen, dass das, was man zu sehen bekommt, Absicht ist. Als wenn es sonst zufällig wäre!

AD: Wie gehen Sie vor, wenn Sie ein Set einleuchten?
— AB: Es gibt Sets, die sind schon so perfekt eingeleuchtet, da braucht man nichts mehr zu machen, man kann sofort drehen.

AD: Sie greifen also natürliche Situationen auf?
— AB: Ja, das kann sein. Es kann aber auch sein, wie jetzt bei der Vorbereitung zum nächsten Film, bei dem einige Dekorationen groß sind, dass ich mich mit dem Architekten bespreche. Wo ist der Standort der Lampen? Lässt sich das Licht von vornherein in die Dekoration integrieren? Im Film ZABOU war eine Industriestraße auszuleuchten, dort hingen ungefähr 30 Janebeams und Pinzen (Seite 38) im Bild.

AD: Weichen Sie da von Ihrem Stil ab?
— AB: Nein, diese Lampen hängen im Bild, als wären sie tatsächliche Lichtquellen. Wir wollten eine beleuchtete Industriestraße zeigen, nicht eine unbeleuchtete. Die Straße selbst hatte keine Laternen. Daher war es für mich das Erste, dort Lichtquellen aufstellen zu lassen, in dem Fall waren es Filmleuchten, als Ersatz für Straßenlaternen. Der Rest danach war fast ein technischer Vorgang: eine gewisse Aufhellung ansetzen und Spitzen und Kanten anbringen.

AD: Wie war es bei dem Licht in der Diskothek?
— AB: Da war es ähnlich. Wir haben mit dem Architekten Lichterbänder ausgewählt und an Wände und Säulen angebracht. Diese Bänder hatten 252 40-W-Glühbirnen und wurden über Dimmer geregelt, je nachdem, ob sie im Bild waren oder nur als Lichtquelle dienten. An klassischem Filmlicht, wie Inky, Pinza oder Janebeam, waren vielleicht drei Lampen im Einsatz.

---

56 Messgerät, das das Bildsignal anzeigt.

XVII. Interviews

AD: Wie haben Sie sonst die Nachtaufnahmen gemacht?

— AB: Die Anforderungen waren schon extrem, wir brauchten ein Licht, bei dem wir möglichst frei drehen konnten. Für die Szene, in der das Auto von der Brücke herunterhängt, hatten wir auf einem Hochhaus eine Art *Wendy-light*, eine Eigenkonstruktion der Bavaria, stehen und haben von da aus das ganze Areal bestrahlt.

AD: Was heißt »Wendy-light«?

— AB: Das Wendy-light besteht aus 48 janebeam-ähnlichen Brennern, die in einer Einheit sind. Das Schöne bei dem Film war, dass ich mit Lampen arbeiten konnte, an die man sonst nicht kommt. Ich musste dabei viel Vorarbeit leisten, rechnen, Datenblätter wälzen und so weiter, um den Lichtaufwand kalkulieren zu können.

AD: Machen Sie das sonst nicht?

— AB: In der Regel hat man einen von einem Lampenverleih bestückten Lichtwagen dabei, fährt los und baut am Motiv auf. Bei einem Film dieser Größenordnung geht das nicht, weil man mit Vorbautrupps arbeitet, und weil noch eine *second unit* da ist, die parallel dreht. 30 Prozent meiner Tätigkeit war hierbei Management.

AD: Welchen Einfluss gestehen Sie dem Regisseur auf das Licht zu?
— AB: Jeden.

AD: Einer Ihrer Kollegen hat darauf geantwortet, dies sei der einzige Bereich, in dem er selbstständig kreativ arbeitet, in dem ihm fast keiner reinredet.

— AB: Das ist fast leider so, dass es kaum jemanden gibt, der reinredet. Wenn man mit mehreren Leuten zusammen einen Film macht, kann das nur gut sein, wenn man miteinander redet. Es ist schon klar, dass es auch verwässern kann. Wenn die Regisseure aber etwas vom Licht verstehen, kann es nur gut sein für den Film. Ich bin immer dafür, dass alle Bescheid wissen. Ich mag das auch, wenn die Leute durch die Kamera schauen. Nur dadurch können sich alle vor Überraschungen bei den Mustern bewahren.

AD: Es gibt aber wenige Regisseure, die zum Beispiel die Grundhelligkeit abschätzen können.

— AB: Das ist etwas anderes. Wenn jemand penetrant sagt: »Da hinten muss man noch ein Licht machen, man sieht ja nichts«, obwohl natürlich keins hin muss, also so etwas Nerviges, was mit Wissen nichts zu tun hat, das ist klar. Aber ich rede ja auch manchmal in die Inszenierung mit rein. Bei Proben mache ich

2. Interview mit Axel Block

Vorschläge, aus der Sicht der Kamera heraus. Wenn ein Regisseur eine Sicht für das Licht hat, ist es nicht ausgeschlossen, dass er eine bessere Idee hat als der Kameramann.

AD: Man kommt so vielleicht eher zu einer außergewöhnlichen Lösung, als wenn man es so macht, wie man es immer macht.
— AB: Das ist ein ganz wichtiger Aspekt, davon wegzukommen. Man steckt so tief in der Routine, dass ich immer dankbar bin für jede Art Hinweis oder Störung. Das ist für mich auch das größte Problem bei vielen deutschen Filmen, dass sie so beliebig sind und austauschbar, von der Erscheinung her.

AD: Fehlt Ihnen da etwas Neues?
— AB: In Deutschland und Europa beobachte ich eine Entwicklung bei Kameraleuten, die zunächst sehr gut sind, dann aber auf diesem Stand stehen bleiben. Man kann bei uns sehr häufig an dem Film erkennen, wie alt etwa der Kameramann ist.

AD: Ja?
— AB: Es kommt mir so vor. Wenn ich jetzt ein Exempel mache, stimmt es sicher nicht. Es ist aber mein Gefühl, mit dem ich oft richtig liege. Bei amerikanischen Filmen bin ich dagegen sehr häufig überrascht.

AD: Weil er zu alt ist oder zu jung?
— AB: Sowohl als auch.

AD: Woran meinen Sie, es in Deutschland zu erkennen?
— AB: Ich meine, dass Lichtgestaltung und optische Betrachtungsweisen einer Art Mode unterworfen sind, die die Kameraleute mitmachen. Wenn man anfängt, ist man auf dem Stand dieses neuesten ästhetischen Empfindens. Hat man damit Erfolg, riskiert man nicht mehr, etwas anderes zu machen, sondern bleibt dabei. Es kommen andere nach, die wieder etwas anderes machen, und man traut sich nicht, das nachzuvollziehen. Das Neue muss nicht immer gut sein, aber sich nicht weiterzuentwickeln, ist auch nicht gut.

AD: Ist es denn nicht so, dass die Produzenten einen Kameramann auswählen nach dem, was er bisher gemacht hat? Dass sie den neuen Film in der Tradition der bisherigen Arbeit sehen?
— AB: Das habe ich noch nicht erlebt. Ich bin der Meinung, dass viele Leute nur sehr schwammig wissen, was die Stärken und die Schwächen eines Kameramannes, eines Maskenbildners, eines Architekten, ja sogar eines Regisseurs sind.

161

XVII. Interviews

Die wenigsten sagen: »Ach, die Art und Weise, wie der Licht setzt, ist genau das Richtige für meinen Film.« Man geht vielmehr nach Flüsterpropaganda, »Der ist schnell!«, oder man hat schon achtmal für die Produktion gearbeitet und wird zum neunten Mal genommen. Ein klassisches Beispiel für eine grandiose Fehlbesetzung ist meiner Meinung nach DER NAME DER ROSE.

AD: Warum?

— AB: Einem Regisseur, der versucht, so authentisch wie möglich zu sein, so als hätte man damals gedreht, dem kann man nicht einen Kameramann geben, der aus einer Studiotradition kommt und so dreht. Für den Regisseur wäre Alcott der Richtige gewesen, wenn er noch gelebt hätte. Ich habe selten einen Film gesehen, in dem Regie und Kamera so im Widerspruch zueinander standen.[57]

AD: Der Film spielt doch im doppelten Sinne in einer lichtlosen Zeit. Es wird alles nur von Ölfunzeln beleuchtet.

— AB: Damit hat er aber nicht gearbeitet, sondern mit einem Inky von dort, einem Dachl hier, einer Kante von da. Ein klassisches Licht, ohne Frage ein sehr gekonntes Licht. Nicht dass der Kameramann schlecht ist, ich finde nur, dass seine Arbeitsweise nicht zu dem Film passt.

AD: Hätten Sie hier jemanden geeigneter gefunden, der von dem vorhandenen Licht ausgegangen wäre?

— AB: Ja, jemanden, der in dieser Richtung mehr gearbeitet hätte, nicht mit diesen Studioeffekten. Es ist schon schwer, das anders zu machen.

AD: Was meinen Sie mit Studioeffekten?

— AB: Die klassische Ausleuchtung, Führung, Kante, Aufhellung, auch ein Fensterkreuz auf eine glatte Wand zu projizieren. Dazu gehört auch der Umgang mit Farbfolien, mit denen man eine warme Lichtquelle rötlich strahlen lassen kann.

AD: Was hätten Sie anders gemacht?

— AB: Man hätte versuchen müssen, die Lichtquellen so zu präparieren, dass man mit denen hätte drehen können. Der Film ist ja nicht mit Laien gedreht, denen man mit der gewählten Art der Beleuchtung eine möglichst große Bewegungsfreiheit hätte geben müssen. Auch gibt der Stil ja keine Bewegungsfreiheit, wenn ich mit einem Dachl von hier und einem Kuki von da arbeite. Im Gegenteil, ich schränke den Raum des Darstellers stark ein.

---

57 Der Name der Rose wurde inszeniert von Jean-Jacques Annaud. Kameramann war Tonino Delli Colli.

AD: Was heißt »Dachl«?

— AB: Abdeckblech. Wenn ich mit Lichtquellen arbeite, die präpariert sind, z. B. mit einer Öllampe, in der eine Filmlampe drin ist, dann muss der Schauspieler zwar aufpassen, dass man es nicht sieht, aber es erfordert nicht mehr Konzentration, als wenn er sich genau in einem Schatten oder Halbschatten bewegen müsste. Es ist mit einer präparierten Lampe wahrscheinlich einfacher. Auch die Innenräume hätte man anders bekommen, wenn man nicht diese Effekte wie die Projektion des Fensterkreuzes gemacht hätte. Es wäre eine andere Art der Authentizität geworden, die mehr mit dem zu tun gehabt hätte, was die Inszenierung, die Ausstattung, die Kostümabteilung und die Maske gemacht haben. Die Kamera war für mich der absolute Bruch in dem Film. Ich glaube nicht, dass es der Qualität des Films geholfen hat.

XVII. Interviews

3. Interview mit Gernot Roll[58]

Gernot Roll arbeitet seit 1964 als Kameramann.

Zusammenarbeit mit:
Jo Baier, Heinrich Breloer, Axel Corti, Jacques Deray, Helmut Dietl, Dieter Dorn, Bernd Eichinger, Jörg Grünler, Granz Henman, Nico Hofmann, Peter Keglevic, Fritz Lehner, Caroline Link, Edgar Reitz, Peter Sehr, Oliver Storz, Wigbert Wicker, Tomy Wiegand, Sönke Wortmann

Wichtige Produktionen:
STUNDE NULL – EIN STÜCK HIMMEL – HEIMAT – WALLENSTEIN (N. GOLO MANN) – BUDDENBROOKS – 1 + 1 = 3 – CAR NAPPING – SANTA FEE – WELCOME IN VIENNA – MIT MEINEN HEISSEN TRÄNEN – FRANZ SCHUBERT – FAUST – LA PUTAIN DU ROI – WILDFEUER – SELB´S JUSTIZ – KRÜCKE – KASPAR HAUSER – KLEINE HAIE – DER BEWEGTE MANN – RADETZKYMARSCH – JENSEITS DER STILLE – DAS MÄDCHEN ROSEMARIE – ROSSINI – JEDERMANNS FEST – BALLERMANN 6 (AUCH REGIE) – DER LADEN – LATE SHOW – DER GROSSE BAGAROZY – NE GÜNSTIGE GELEGENHEIT (AUCH REGIE) – TACH HERR DOKTER (AUCH REGIE) – DIE MANNS – NIRGENDWO IN AFRIKA – BRIEFE EINER UNBEKANNTEN – KNALLHARTE JUNGS – TRENCK: ZWEI HERZEN GEGEN DIE KRONE (AUCH REGIE) – POLLY BLUE EYES – PURA VIDA IBIZA (AUCH REGIE) – SPEER UND ER – 3 SCHWESTERN »MADE IN GERMANY« – RÄUBER HOTZENPLOTZ (AUCH REGIE) – BUDDENBROOKS

Preise/Auszeichnungen:
6 x Adolf Grimme Preis mit Gold (2002), 3 x Deutscher Filmpreis, 2 x Deutscher Kamerapreis (2002), 2 x Goldener Gong, Bayerischer Filmpreis, Bayerischer Fernsehpreis, Telestar, Goldener Löwe RTL, AZ-Stern des Jahres 1998, Goldene Romy (Österreich), Fernsehpreis der österreichischen Volksbildung, Da Vinci Award Palm Springs 2000, Madrimagen 2000 »Imagen Más Innovadora«, Weißer Elephant

— GR: Licht ist zwar das hauptsächliche Gestaltungsmittel, aber es ist wirklich nicht das Einzige. Als Kameramann macht man nicht nur das Licht. Auch sagt niemand: »So und so wird das fotografiert, in einer Großaufnahme und einer Totalen«, und dann machen wir das Licht dazu.

AD: Stimmt. Sieht man aber die amerikanischen Kameramänner, die sich nur um das Licht kümmern, geht es schon in die Richtung.

---

58 Das Interview wurde 1991 geführt.

3. Interview mit Gernot Roll

— GR: Ich möchte das nicht machen. Wenn ich nicht Einfluss auf die anderen Bereiche der Fotografie habe, ist das eine ziemlich reduzierte, relativ langweilige Tätigkeit. Mir würde das keinen Spaß machen.

AD: Man wäre nur für die Essenz zuständig, wie ein Koch, der nur die Soße macht und nicht das ganze Menü. Aber welcher Gast sagt schon, die Soße ist gut, nur der Braten ist schlecht?
— GR: Aber so ist es, von der hauptsächlichen Wirkung her. Die indirekte Wirkung von Schnitt, Bewegung der Kamera und der Schauspieler, Kadrierung usw., die mindestens einen gleichberechtigten Bestandteil ausmachen, nimmt der Zuschauer nicht so wahr. Das Licht schafft erstmal die Atmosphäre. Ich glaube, ich bin ein undankbarer Gesprächspartner, weil ich mich nicht durch irgendwelche Prinzipien einengen lasse.

AD: Würden Sie soweit gehen zu sagen, es gibt keine Gesetze fürs Licht?
— GR: Absolut, es gibt die nicht. Was ist eine Führung, was ist eine Aufhellung, wie setze ich eine Spitze? Das sind Dinge, von denen ich mich schon vor zwanzig Jahren gelöst habe. Klar, ich bin in meinen Anfängen auch nach dem Prinzip verfahren: Es muss irgendeine Art Hauptlicht her, dann muss es aufgehellt werden, und man muss eine Spitze setzen. Wie macht man das? So, wie man es sich von den alten Meistern abgeguckt hat. Davon habe ich mich längst gelöst, das als Prinzip existiert überhaupt nicht.

AD: Ist es vielleicht so, dass man als Profi die Fotografie so verinnerlicht hat, dass man diesen Satz »Es gibt keine Gesetze« auf der Basis des Handwerks, das man beherrscht, sieht?
— GR: Eigentlich gibt es die nicht. Es geht nur darum, dass man irgendeine Wirkung erzielt. Wie man sie erzielt, ist jedem selbst überlassen, er ist nicht verpflichtet, irgendwelchen Regeln zu folgen. Hauptsache, die Wirkung ist da, wie auch immer. Das so genannte Führungslicht, es ist wirklich ein althergebrachtes Ding, das kann ganz schlicht auch nur eine Aufhellung sein, dann ist das eben das Führungslicht.

AD: Ich habe versucht, es so zu definieren: Haupt- oder Führungslicht ist das Licht, das den Charakter der Szene bestimmt.
— GR: Nein.

AD: Ich sehe es so, dass das Hauptlicht auch ein Gegenlicht sein könnte. Das Licht wird nicht von der Richtung zur Kamera oder zur Person definiert, sondern von der Stimmung der Szene her.

165

XVII. Interviews

— GR: Na ja.

AD: Extrem gesprochen: Wenn ich im Dunkeln filme, dann ist das Hauptlicht ...

— GR: ... das kann irgendein helles Fenster sein, und das Gesicht davor hat überhaupt kein Licht, wie auch immer. Ich habe es Ihnen schon angekündigt, ich kann es irgendwo gar nicht so definieren und kann nicht sagen: »So mache ich es, und so muss es sein.« Ich finde, jeder muss seine eigenen Wege gehen, wobei es für mich vielleicht ein paar ästhetische Regeln gibt.

AD: Fällt Ihnen spontan etwas ein?

— GR: Spontan fällt mir ein, wo wir gerade über Gegenlicht auf Gesichtern sprechen, dass Gesichter oft zum Gotterbarmen ausgeleuchtet werden. Das macht mich oft ganz krank, mit welcher Nachlässigkeit Gegenlichtaufnahmen von Gesichtern gemacht werden, so dass beispielsweise die Nasenspitze noch vom Gegenlicht getroffen wird. Aber das ist mein ganz eigener, privater Geschmack, das mag auf jemand anderen nicht störend wirken, aber mich stört das. Sie wissen, was ich meine?

AD: Noch nicht ganz.

— GR: Auf Gegenlichtaufnahmen sind alle ganz wild. Ich selbst bin auch ein Fan davon. Die Lichter werden aber nicht mit der nötigen Akkuratesse platziert, der Winkel ist nicht spitz genug, dem Schauspieler fällt direktes Licht auf die Wange, und es sieht unmöglich aus. Das sind Dinge, die mich sehr stören.

AD: Den Satz »Es gibt keine Gesetze« könnte man vielleicht so verstehen, dass alles machbar sei und die gleiche Qualität habe. Und das hat es nicht.

— GR: Nein, das hat es nicht, aber es ist natürlich nur eine Frage des Geschmacks. Es ist keine Frage der Regel und der Allgemeinverbindlichkeit. Man kann nur sagen: »Es gefällt mir« oder »Es gefällt mir nicht« – oder »Es gefällt anderen« oder »Es gefällt anderen nicht« – und als Drittes: »Es dient dem Film« oder »Es dient ihm nicht«. Andere Kriterien, glaube ich, gibt es nicht. Ich bin vom Herzen her kein Cineast, überhaupt nicht. Film ist mir relativ unwichtig.

AD: In Ihrer Vita steht aber, dass Sie 95 Fernsehspiele gedreht haben.

— GR: Vielleicht auch mehr, ich kann es nicht mehr zählen. Es sind immens viele, weil ich schon seit 1964 als Kameramann arbeite. Ich bin zu dem Gewerbe eher zufällig gekommen, nicht durch eigenen Drang. Filme zu machen, halte ich nicht für so wesentlich. Daraus entspringt natürlich eine gewisse gleichgültige Haltung dem Ganzen gegenüber.

3. Interview mit Gernot Roll

AD: Ist das kein Widerspruch? Auf der einen Seite sind Sie kein Cineast, aber, was das Gegenlicht anbelangt, wieder so akkurat.
— GR: Na ja, da sag ich mir, wenn man es schon macht, dann muss man es wenigstens so gut machen, wie man es kann. Ich habe halt so eigene ästhetische Regeln entwickelt, *aber wirklich eigene*, mit denen man mehr oder weniger große Wirkungen erzielen kann. Das Gegenlichtbeispiel von vorhin steht für das, was mich stört, aus handwerklicher Sicht betrachtet.

AD: Welchen Stellenwert hat die logische Lichtführung von Hilmar Mehnert für Sie?
— GR: Keinen. Ich kann das, was ich in meinem Leben gemacht habe, nicht in diese Logik einordnen. Auch die Einteilung in zwei streng abgegrenzte Stile, High-Key und Low-Key, trifft nicht zu. Die kommen in jedem eigenen Film variantenreicher vor, als Mehnert es beschrieben hat. Man kann nicht sagen, diesmal fotografiere ich einen Low-Key und nächstes Mal einen High-Key und dann zieh' ich das den ganzen Film lang durch. Für heutige Zuschauer wäre das stinklangweilig. Heute hat man die Aufgabe, mehr Varianten anzubieten und szenengerechter auszuleuchten, damit sich die Fotografie nicht verselbstständigt.

AD: In die Begriffe High-Key und Low-Key wird nach meiner Meinung zu viel hineininterpretiert. In der Schwarzweißfotografie mag das richtig sein: Das Foto steht für sich allein, und ohne Ton, ohne Bewegung, ohne Tempo, ohne Schnitt muss es etwas rüberbringen. Beim Film zeichnet sich ja das schlimme Ende einer Tragödie nicht nur dadurch ab, dass ich eine Kneipe im Low-Key ausleuchte.
— GR: Vollkommen richtig. Es ist dasselbe mit Nachtaufnahmen. Ich rede da von zwei unterschiedlichen Dingen, Nachtaufnahmen fürs Kino und Nachtaufnahmen fürs Fernsehen. Im Kino wirken Nachtaufnahmen von sich aus besser. Im Fernsehen muss man darauf achten, dass man nicht zu viele dunkle Bildflächen produziert, weil es nicht fernsehgerecht wäre. Es wird oft eine merkwürdige Art von Dunkelheit erwartet und verlangt, die nicht funktioniert. Die Dunkelheit auf dem Fernsehbildschirm hat keine eigene Lebensberechtigung. Man muss daher mit irgendeiner Art von Helligkeit suggerieren, dass es dunkel ist. Es kann unter Umständen taghell sein, und trotzdem hat man das Gefühl, dass es dunkel ist. Es ist nicht der richtige Weg, es einfach dunkel zu lassen oder unterzubelichten, das führt zu keinem nennenswerten Ergebnis. Dabei muss ich immer wieder einschränken, dass dies meine persönliche Meinung ist.

AD: In den alten Western war es ähnlich. Die Nachtsequenzen wurden mit einer dunklen Einstellung, beispielsweise am Lagerfeuer, eingeleitet, und die fol-

167

XVII. Interviews

genden Aufnahmen waren nur etwas unterbelichtet und blau gefiltert. Man sieht alle Details und alle Schatten.

— GR: Gerade in den alten Filmen waren die Amis knallhart in dieser Richtung. Die haben einfach eine stillschweigende Übereinkunft mit dem Zuschauer erzielt: »Anders können wir es nicht machen, also machen wir es so, und nun, Zuschauer, friss das bitte.« Wenn einmal das Symbol für die Nacht da war, dann schwingt das mit für den Rest des Films.

AD: Die Logik, Nachtaufnahmen nachts zu drehen, wäre dann nur der reine Purismus?

— GR: Ja, aber logisch ist dann auch, dass man in der Nacht sehr viel zeigt. Man hat sich nicht damit zufrieden gegeben, dass fünf Meter hinter dem Lagerfeuer in der Landschaft quasi eine schwarze Wand ist. Das menschliche Auge sieht in der Nacht ja auch mehr, also suggeriert man es mit einer Art von Helligkeit.

AD: Wie sehen Sie grundsätzlich den Unterschied in der Ausleuchtung zwischen Kino und Fernsehen?

— GR: Grundsätzlich gibt es für mich keine Unterschiede, zumal wir heute dazu verdonnert sind, diese merkwürdigen Amphibienfilme zu machen, die beiden Medien gerecht werden müssen. Ich halte auch nichts von der Theorie, nach der man fürs Fernsehen keine Totalen fotografieren darf, und so etwas. Für mich ist das totaler Nonsens. Warum funktionieren dann die alten Kinofilme so gut im Fernsehen? Die sind nach wie vor der große Renner, vor unseren heute fürs Fernsehen produzierten Fernsehspielen und Fernsehfilmen. Und was den Abbildungsmaßstab anbelangt, bin ich nicht der Meinung, dass man fürs Fernsehen eine eigene Bilddramaturgie braucht. Das Einzige ist der Anteil der dunklen Flächen, der im dunklen Kinoraum besser wahrzunehmen ist.

AD: Die Kaschbalken oben und unten im Fernsehen sind ja mittlerweile ein Qualitätsmerkmal.

— GR: Viele machen das extra, auch die Werbung, damit der Zuschauer denkt: Aha, das ist was Besonderes! Es ist ein wunderbares Mittel, denn schon hat man mehr Präsenz.

AD: Wenn Sie an einen Stoff herangehen, wie entwickeln Sie das Lichtkonzept, wovon lassen Sie sich leiten?

— GR: Da gibt es immer einen Grundgedanken, der aber nicht präzisiert ist. Ich halte mich nicht für jemand, der einen Stil hat. Ich lasse mich eigentlich mehr von der Emotion des Augenblicks leiten. Wie der Film später aussehen wird, weiß ich vorher nicht. Außer ein paar Grundgedanken, das ist Kerzenlichtfotografie, das

3. Interview mit Gernot Roll

ist Sonne, und das ist Schatten, ist nicht mehr vorhanden. Was dann letztendlich als Ergebnis da ist, entsteht bei mir in der Regel mehr im Moment der Arbeit, frei von jeder vorgegebenen Stilistik.

AD: Entsteht es bei der Planung der Szene oder unmittelbar vor der Einstellung?
— GR: Beim Entwickeln der Szene mit dem Regisseur zusammen.

AD: Sie haben ja 1988 den Kamerapreis in Köln für den Schubertfilm Mit meinen heissen Tränen **bekommen. Bei den Ausschnitten fiel auf, dass in der Großaufnahme Effektschatten auf dem Gesicht waren, die in der Totale vorher nicht da waren.**
— GR: Das kann passieren. Zum einen kann es Nachlässigkeit sein, zum andern aber auch, dass der Effektschatten sich für die Totale nicht eignete. Ich gehe dann immer sofort weg von der Logik. Mir ist alles, was zum Schlagwort Logik passt, zuwider. Ich schere mich beispielsweise nicht darum, wenn auf der linken Seite eine Kerze steht, und der Schauspieler bekommt von der anderen Seite das Licht. Für mich ist die Wirkung_ das Wichtigere. Als Schlagwort: Wirkung vor Logik. Dem folge ich ganz konsequent; wenn mir jemand mit logischen Argumenten kommt, dann mag ich gar nicht zuhören.

AD: Wie sieht die Zusammenarbeit mit Regisseur und Produzent aus, wenn Sie sagen, Sie wissen noch nicht, wie der fertige Film aussehen wird?
— GR: Normalerweise gibt es da kein Misstrauen, weil die meisten schon etwas von mir gesehen haben und darauf vertrauen, dass es gut wird. Es ist auch nicht so, dass man vorher examiniert und gefragt wird:»Wie machst Du es denn?«, und dann hinterher entschieden wird, den können wir nehmen oder nicht nehmen.

AD: Dann zeichnen Sie vorher auch keinen Lichtplan?
— GR: Ach, i wo.

AD: Haben Sie schon mal mit Storyboard gearbeitet?
— GR: Ja und nein. Das Storyboard ist für meine Begriffe eher ein Hemmnis. Die vorgefassten Gedanken sind eher weniger kreativ als diejenigen, die am Ort entstehen im Zusammenspiel vieler Komponenten. Ich bin kein großer Freund von Storyboards, weil ich immer wieder feststelle, dass dort, wo Storyboards vorhanden sind, die Qualität der Auflösung eher ärmlicher ist als bei denen, die mehr spontan arbeiten. Es engt sehr stark ein, man muss die Chance haben, es sofort verlassen zu können, wenn man am Set bessere Ideen hat. Es gibt so viele Dinge, die im Moment entstehen, beispielsweise ein besonderer Ausdruck eines Schau-

169

spielers. Eine Großaufnahme wäre besser, was aber, wenn die Großaufnahme im Storyboard nicht vorgesehen ist? Oder andersherum, warum war sie im Storyboard nicht drin? Die konnte nicht drin sein, weil man das Zusammenspiel der ganzen Kräfte, die an dem Endprodukt Bild beteiligt sind, nicht bedacht hat. Ein Storyboard ist dort wichtig, wo ein gewisser Aufwand vorhanden ist, der wirtschaftliche Konsequenzen hat. Auch dort, wo man viele Dinge im Voraus bedenken muss.

AD: Sie sagten vorhin, dass Sie keinen Stil haben. Ich möchte noch mal darauf zurückkommen. Mit welcher Art von Licht bevorzugen Sie zu arbeiten, eher mit weichem Licht oder eher mit gerichtetem Licht?
— GR: Mit der Kombination aus beidem. Nur gerichtetes Licht ist ein Graus, und nur weiches, indirektes Licht ist ebenso langweilig. Ich verfolge andere Prinzipien. Reden wir mal vom Moment, in dem kein Licht vorhanden ist. Ich stelle erst einmal eine Art Grundlevel her, der eine Belichtung möglich macht. Das ist der Punkt, an dem oft schon wieder aufgehört wird, man sagt: »Aha, das belichtet ja, jetzt fotografieren wir es so.« Nur die reine Physik zu befriedigen, ist natürlich zu wenig.

AD: Aber der Level ist nicht diffus, alles gleichmäßig ...
— GR: Er ist in der Regel diffus. Zur Erzeugung gibt es unterschiedliche Wege.

AD: Indirekt über eine Styroporwand mit einem 4-kW?
— GR: Na ja, so was oder eher etwas ganz Schwaches, oder nur vorhandenes Licht benutzen und das dann veredeln.

AD: Es ist nicht nur ein Baulicht, sondern es steckt schon eine gewisse Dramaturgie drin?
— GR: Vielleicht ja. Gehen wir mal von der reinen Studioszenerie aus und fangen da bei Null an. Echte, gute Fotografie ist nur im Studio möglich, ich hasse es, in Originaldekorationen rumzufuhrwerken, es sei denn, es geht nicht anders. Diesen Level herzustellen, ist so eine Sache, da kann ich keine Auskunft geben, weil ich selber oft nicht weiß, wie ich es mache; es sei denn, man stellt auf zwanzig Tische zwanzig Lampen hin, dann hat man die Grundsituation. Das würde vielleicht sogar belichten, aber es würde nach nichts aussehen, es hat Dokumentarcharakter, mehr nicht. Es hat also nicht einen gestalterischen Charakter. Man muss nun anfangen, Dinge dazuzuaddieren, die dieses Bild besser machen – nicht im Sinne von Verschönern, sondern von Verbessern, der Geschichte entsprechend richtiger machen.

3. Interview mit Gernot Roll

AD: Sie würden also von den Lampen, die Ihnen der Ausstatter oder Architekt hingestellt hat, ausgehen?

— GR: Das ist auch schon eine Frage, wie stark Sie das beeinflusst haben, was der Ihnen hinstellt. Es ist auch nicht so, dass das immer getrennte Bereiche sind. Wenn man etwas erzielen will, muss man von vornherein Einfluss auf diese Dinge nehmen. Eine andere Aufgabe ist beispielsweise, dass man sagt: »In dieses Zimmer hier soll eine ganz tief stehende Sonne scheinen.« Man fängt mit dieser Vorgabe an und schaut, was man damit machen kann. Wie weit stellt man den Scheinwerfer weg, wie färbt man ihn ein, wie platziert man die Szene um diesen Effekt herum? Eine Lichtstimmung einzufangen, ist oft eine Frage der Arrangierung der Szene um den Effekt herum, wenn das Schwergewicht der Szene auf der Lichtstimmung liegen soll. Ich habe mein Arbeitsprinzip selber nie analysiert und widerstehe auch dem Versuch und weigere mich, das irgendwann zu tun. Ich hätte das Gefühl, ich gerate auf eine Schiene, und ein Film sähe aus wie der andere.

AD: Mir fiel auf, dass Ihre Effekte oft extrem sind.

— GR: Stimmt, ich neige dazu. Ich habe intern einen bösen, scherzhaften Satz gesagt: »Richtig beleuchten kann jeder.« Man muss aber einen Weg finden, um es gut falsch zu beleuchten, irgendwo ganz gezielte Fehler hineinzubringen, die wirklich von der Logik weggehen. Nur das hinterlässt Wirkung, meiner Meinung nach. Etwas richtig zu beleuchten, da kann ich gleich einen Dokumentarfilm drehen. Ich gehe in einen Raum, der von sich aus hell ist.

AD: Aber was ist denn ›richtig‹?

— GR: Richtig ist nicht das, was logisch ist. Die Leute mit den logischen Argumenten sagen: »Das ist aber total unlogisch.« Meine Antwort ist: »Na gut, dann ist es halt unlogisch, aber es sieht besser aus, und das ist entscheidend und nicht, was logisch ist.« Für mich ist das ein oberstes Prinzip, dass man bei jeder Aufnahme von dem logischen, dokumentarischen Charakter wegkommt, dokumentarisch im Sinne von Richtigkeit. Ich finde das ganz schauerlich, stinklangweilig, und es interessiert keinen Zuschauer. Das Richtige sehen die Zuschauer sowieso jeden Tag, das muss ich ihnen nicht auch noch vorführen. Es hinterlässt ja keine Wirkung. Jeder will doch mit seinem kleinen Beitrag zu so einem großen Werk irgendeine Wirkung erzielen, sonst braucht man es ja nicht zu machen. Das ist die Grundhaltung. Wie man es im Einzelnen tut, ist dann eine zweite Frage. Wie es dann obendrein gelingt, ist die dritte Frage. Wenn mal was gelingt, wenn man etwas im Nachhinein als gut bezeichnen kann, dann basiert das auf diversen vorausgegangenen Fehlversuchen. Daher nehme ich für mich das Recht in Anspruch, dass ich Fehler machen darf.

XVII. Interviews

AD: Ist Ihnen schon passiert, dass Sie in der Vorführung saßen und feststellten, dass Sie sich die Effekte anders vorgestellt haben?
— GR: Das passiert laufend, man lernt dann daraus fürs nächste Mal. Das muss ja nicht der totale Flop sein, sondern es können auch Kleinigkeiten sein. Wenn man heute einen Weg für eine bestimmte Situation gefunden hat, »So und so machen wir das, und so und so wirkt das«, dann hat es vorher bestimmt fünf- oder zehnmal nicht so perfekt funktioniert. Es ist nicht so, dass man alles mit der notwendigen Perfektion aus dem Ärmel schüttelt.

AD: Gab es bei Ihnen bewusst den Punkt, an dem Sie sich von der Logik gelöst haben?
— GR: Den gibt es, ich kann ihn auch genau markieren. Es war der Moment, in dem die Bilder zu 90 Prozent so ausgeschaut haben, wie ich sie mir vorher vorgestellt habe. In der Zeit davor war die Wirkung der Bilder eher zufällig. Ich war dann heilfroh, wenn etwas entstanden war, dass man sich über einen klassischen handwerklichen Weg etwas hingebastelt hatte. Irgendwann kam der Punkt, an dem ich umgedacht und erkannt habe, dass die Bilder vorher im Kopf entstehen müssen. Daher sehe ich die Kameraarbeit als eine rein gedankliche an. Für mich ist das überhaupt keine Tätigkeit, die irgendwas mit einem Gerät zu tun hat. Es ist für mich total uninteressant und mir eher zuwider, mich hinter einem Apparat zu verstecken. Irgendwann habe ich umgeschaltet und gesagt, ich muss vorher wissen, wie es aussehen soll, und dann muss ich irgendeinen Weg suchen und das Handwerk dazuaddieren, damit es so aussieht. Der Zeitpunkt fiel merkwürdigerweise mit der Änderung meines Status vom festangestellten zum freischaffenden Kameramann zusammen. Ich war bis dahin lange bei der Bavaria in Geiselgasteig gewesen. Dort habe ich auch meine ersten großen Chancen bekommen, für die ich heute sehr dankbar bin. In diesen Monaten habe ich für mich die Erkenntnis gewonnen, dass ich es so besser kann. Vorher habe ich auch teilweise ganz gute Filme gemacht, aber es waren mehr oder weniger Zufallsprodukte.

AD: Aber Sie sehen sich nicht als Experimentalfilmer?
— GR: Absolut nicht! Dazu tauge ich nicht, auch geht das wieder in die Cineastenecke, und aus der komme ich nicht, und mit der habe ich nichts zu tun. Obwohl ich das sehr achte, aber es ist nicht mein Bereich, keiner kann alles.

AD: Die Zufallsergebnisse damals waren aber nicht so extrem, dass der Film in irgendeiner Weise gefährdet war?
— GR: Gefährdet waren die Filme nicht. Diese ›Überraschungszeiten‹ dauerten elf bis zwölf Jahre. Die Filme hätten von meiner Arbeit her, unterm Strich, besser sein können, wäre ich damals schon auf dem Level gewesen. Ich lebe heute von

der Erfahrung. Das, was man sich ausdenkt, bettet man ein in die Erfahrung und in das Handwerk, um dann zu einem Ergebnis zu kommen.

AD: Geht Ihr jetziger Anspruch, die gedankliche, konzeptionelle Vorarbeit und die Vorauswahl der Bilder im Kopf nicht auch in die Richtung der Arbeitsweise der amerikanischen Kameraleute, die das eigentliche Drehen dem Operator überlassen?

— GR: Nein, nein. Aufgrund der Erfahrung ist es dann so, dass die handwerkliche Arbeit, Schwenken, Belichten, nebenbei läuft und relativ schnell geht. Ich kümmere mich heutzutage mehr um den Regisseur und unterstütze ihn in seiner Arbeit, soweit er es will und akzeptiert, indem ich ihm Vorschläge mache. Hat man ein Konzept gefunden – mir ist es lieb, wenn es erst kurz vor dem Drehen der Szene passiert – dann geht es aber hopp, hopp, hopp.

AD: Machen Sie am Set erst einmal eine Stellprobe?

— GR: Manchmal ja, aber das ist auch kein Prinzip. Oft werden Choreographien einer Szene schon Tage vorher besprochen, einfach weil man vielleicht etwas vorbereiten muss. Man merkt ja in der Vorbereitung: Hier ist ein Schwerpunkt und hier nicht, hier kann ich mich auf die Stellprobe verlassen, und dort muss man vorher miteinander reden und dann vorbereiten. Man muss das selber aus dem Drehbuch rausfiltern, inwieweit man von sich aus Aktivitäten anzettelt.

AD: Eine Frage zu Nachtaufnahmen. Lieben Sie ›farbige Nächte‹?

— GR: Na ja, ich sage immer, ich möchte den mal erwischen, der Nachtaufnahmen erfunden hat. Ich weiß nicht warum, aber Außen-Nachtaufnahmen mag ich nicht. Dagegen Innen-Nachtaufnahmen drehe ich sehr gerne. Das ist ein Steckenpferd, das aufgrund der beruflichen Biografie entstanden ist. Kerzenlichtfotografie mache ich besonders gerne, es geht mir auch merkwürdigerweise leicht von der Hand. Farbige Nacht, na ja, warum nicht? Mir sind die äußeren Umstände bei Außen-Nachtaufnahmen immer zu groß, sie lähmen mich nur. Ich mag es nicht, weil oft ein Missverhältnis zwischen Aufwand und erreichter Wirkung entsteht. Ich versuche, mich davor zu drücken.

AD: Haben Sie schon mal mit *moving light* gedreht, einem Licht, das mit den Schauspielern mitgeht?

— GR: Nein. Eher klassisch, konservativ.

AD: Wie leuchten Sie eine Kerzenlichtszene aus? Gehen Sie direkt von der Kerze aus ...

— GR: Nein.

XVII. Interviews

AD: ... oder verstecken Sie etwas dahinter?

— GR: Ja, sicher. Eine Unterstützung des Kerzenlichtes, wo auch immer und wie auch immer, muss sein. Physikalisch gesehen kann man zwar das Filmmaterial mit Highspeed-Optiken so ausquetschen, dass das Kerzenlicht ausreicht. Aber wir wären wieder dort, wo ich sage, das hieße, nur das vorhandene Licht zu benutzen, und das ist schon wieder langweilig. Es ist stinklangweilig, Leute nur mit Kerzenlicht zu fotografieren. Da übersieht man sich sofort, es hängt einem zum Halse raus. Daher müssen solche Verstärkungen sein, die nicht nur eine Belichtung bringen, sondern die Wirkung eines Kerzenlichts noch erhöhen.

AD: Nehmen wir mal folgende Situation an: Zwei Leute sitzen an einem Tisch, auf dem Tisch steht eine Kerze. Welche Lichter bringen Sie noch zusätzlich ein?

— GR: Kerzenlicht hat eine gewisse romantische, schöne, warme Wirkung. Diese subjektiv empfundene Wirkung muss man im Bild derartig übertreiben, dass sie auch rüberkommt und nicht nur der Physik Genüge getan wird, um eine Belichtung zustande zu bringen, beispielsweise durch extreme Gegenlichter aus einer Richtung, wo keine Kerzen zu sehen sind. Oder bei einer Großaufnahme steht die Kerze vielleicht auf der linken Seite, und das Licht kommt von rechts, von einer gedachten zweiten Kerze. Dieses Licht ist wesentlich heller als das, was die Kerze abgibt. Auch hier gibt es kein Prinzip und keine Regel.

AD: Man könnte sich auch ein Fenster im Hintergrund denken, durch das blaues Mondlicht fällt.

— GR: Zum Beispiel. Oder aber die Kerze beleuchtet nur eine Gesichtshälfte, und man bringt ein starkes Gegenlicht ein, von dem man nicht das Gefühl hat, da stehe ein Scheinwerfer. Es geht darum, unbewusst eine zusätzliche Wirkung zu hinterlassen.

AD: Sie glauben nicht, dass der Zuschauer sich fragt: Wo kommt das Licht her?

— GR: Das glaube ich eben nicht. Ich habe, außer von den Logikern der Branche, noch nie einen Widerspruch gehört.

AD: Wie beurteilen Sie die Kerzenlichtszenen in Barry Lyndon, von denen alle Welt behauptet, hier wäre zum ersten Mal nur allein mit Kerzenlicht gedreht worden?

— GR: Wer weiß schon, ob es wirklich so war? Nach dem, was manchmal so über vier, fünf oder acht Stationen weitererzählt wird, haben die auch mit Zusatzlicht gedreht, dort wo es einfach notwendig war. Ich glaube nicht, dass die um jeden Preis nur mit Kerzenlicht gearbeitet haben. Außerdem habe ich schon vorher mit Kerzenlicht gedreht, aber für uns hat keiner Reklame gemacht.

AD: Guter PR-Trick.
— GR: Natürlich, ganz klar. Ich habe mich damals geärgert, weil ich das auch schon gemacht habe. Es war eine Geschichte über zwei Emigranten, die in der Silvesternacht in einem Keller sitzen. Sie haben nichts weiter als eine Kerze. Das war ein oder zwei Jahre vor BARRY LYNDON. Obwohl es damals noch keine Highspeed-Optiken und kein Highspeed-Material gab, haben wir es doch so gemacht, dass man das Gefühl hat, die Leute säßen einsam bei einer Kerze. Wir haben die Leute so platziert, dass sie genügend Licht gefangen haben, und den Hintergrund etwas beleuchtet, damit sich die Darsteller abheben. Unser Know-how war damals eher armselig. Man muss sich an die Kerzenlichtfotografie herantasten, bis man den Trick gefunden hat, wie es wirklich gut ist.

AD: Ist es ein Unterschied, ob fürs Kino oder fürs Fernsehen gedreht wird?
— GR: Absolut nicht, mit der einzigen Einschränkung, dass beim Fernsehen die Farbe der Flamme weißlicher ist als im Kino, aufgrund der Elektronik. Rein subjektiv stört das nicht.

AD: Das vorhandene Licht und das handwerkliche Umgehen mit Highspeed-Optiken und Materialien reicht Ihnen nicht aus? Man muss ja damit umgehen können, es ist ja nicht so, dass es Lieschen Müller kann.
— GR: Ja, aber es ist erlernbar.

AD: Die Schärfenprobleme, die bei Blende 1,3 auftreten, sind nicht ohne.
— GR: In der Tat, es ist ein Ritt über den Bodensee. Ich habe gerade einen historischen Kinofilm gemacht. 50 Prozent spielen innen, nur bei Kerzenlicht. Es war für den Schärfeassistenten eine äußerst schwierige Angelegenheit; es gab Momente, da war die Schärfentiefe geringer als ein Zentimeter. Es muss Verständnis von den Schauspielern da sein. Die waren zum Glück auf unserer Seite und wussten, wo die Probleme lagen, und wollten auch eine starke Wirkung durch qualitative Bilder. Sie wussten, dass es besser aussieht und ihr Beitrag dadurch unterstützt wird.

AD: Aber auch hier haben Sie zusätzliches Licht eingebracht?
— GR: Definitiv. Es gab hier oft das Problem des Führungslichts. Ich habe oft auf ein Gesicht ein Führungslicht gegeben, das eher die Tendenz zur Überbelichtung hatte. Diese Überbelichtung, eingefärbt und kombiniert mit einer schwarzen

XVII. Interviews

Gesichtshälfte, sieht gut aus. Es sieht besser aus, als wenn ich es ganz normal belichte.

AD: Mit welchen Farben haben Sie es eingefärbt?
— GR: Das normale Korrekturorange, kombiniert mit Gegenlichtern, die durch diese berühmte Folie, *Golden Amber*, eingefärbt waren. Es hat sich sehr gut bewährt. Man kann es natürlich nicht zu Tode reiten, indem man 20 Filme so macht. Es ist immer ein Vortasten, irgendwann findet man etwas Neues.

AD: Wie heißt der Film?
— GR: DES KÖNIGS HURE, es ist eine französisch-italienische Koproduktion.

AD: Bei manchen deutschen Filmen gibt es den Trend, dass man die Farbe minimiert. Wie stehen Sie dazu?
— GR: Ich halte nichts von der technischen Beeinflussung der Farbe. Das Thema der Farbentsättigung ist so alt, wie ich dabei bin. Auf mich kommt nun zum dritten oder vierten Mal die Modewelle zu, dass es heißt, Farbe muss entsättigt werden, mit Vorbelichten, Nachbearbeiten, mit welchen Mitteln auch immer. Ich halte davon nichts, wenn ich Farbe sage, muss ich auch wirklich Farbe zeigen und mit Mitteln der Farbe irgendwie etwas ausdrücken. Mir ist die Farbe eher sympathisch, ich mag sie ganz gern.

AD: Ich pauschalisiere jetzt mal: Ich hatte bei manchen Ihrer Kollegen den Eindruck, dass sie insgeheim lieber einen Schwarzweißfilm drehen würden, aber aufgrund der Verleihbedingungen und des Fernsehens dazu angehalten sind, mit Farbe zu drehen. Sie versuchen also, mit Farbfilm einen Schwarzweißfilm zu machen.
— GR: Da ist etwas dran. Es ist auch ein Bestreben von mir, einen Farbfilm wie einen Schwarzweißfilm zu fotografieren. Es ist eine sehr wirksame Angelegenheit. Große Kontraste erreicht man beim Farbfilm nur durch gezieltes Über- oder Unterbelichten. Normalbelichten ist sowieso feige.

AD: Ja?
— GR: Na ja, woraus besteht gute Fotografie? Aus gezielter Über- und Unterbelichtung. Beim Schwarzweißfilm muss man sich vor der Überbelichtung hüten, nicht vor der Unterbelichtung. Will ich im Farbfilm große Kontraste haben, ein halbbeleuchtetes Gesicht vor einer dunklen Wand, kann ich das Gesicht mit gutem Gewissen überbelichten. Mache ich das mit einem Schwarzweißfilm, sieht es nicht gut aus. Die dunklen Teile des Bildes kann ich zwar genauso unterbelichten wie beim Farbfilm, aber das Gesicht nicht überbelichten, oder nur ganz

minimal. Diese Erkenntnisse gewinnt man, wenn man oft hin- und herwechseln kann. Ich habe zum Glück viele Schwarzweißfilme machen können. Die ›Insider-Liebe‹ und den ›verklärten Blick‹, wenn es um Schwarzweiß geht, habe ich nicht. Für mich ist das nur ein Mittel neben anderen, einen Film zu erzählen.

AD: In dem Film Heimat haben Sie zwischen Farbe und Schwarzweiß gewechselt. Welchen Sinn hatte das?
— GR: Das ist eine tausendfach gestellte Frage. Das kam nicht nur von mir, sondern in erster Linie von Edgar Reitz. Er ist auch ein cineastischer Liebhaber des Schwarzweißfilms. Der Heimat ist der Schwarzweißfilm Stunde Null vorausgegangen, er war relativ beachtet. Edgar Reitz sagte, eigentlich möchte er Heimat auch in Schwarzweiß drehen, aber es gibt Momente, in denen der Schwarzweißfilm einfach seine Grenzen hat, da braucht man die Farbe als zusätzliche Impression, Information oder was auch immer. Unser einziger Gedanke war: Immer dann, wenn wir in einer Szene die Farbe vermissen, drehen wir sie in Farbe. Wir sind keinem anderen Konzept gefolgt als diesem. Es ist da wahnsinnig viel hineingeheimnist worden. Es war gespenstisch, was da an Fragen gestellt und an Abhandlungen geschrieben worden ist. Aber ich halte das Experiment im Nachhinein für misslungen. Ich halte für legitim, es gemacht zu haben. Keiner kann von vornherein, schon gar nicht bei einem 16-Stunden-Film, mit tödlicher Sicherheit sagen, das funktioniert nicht. In den meisten Fällen hat es nicht so gut funktioniert, sondern nur Verwirrung ausgelöst. Es gab ganz wenige Momente, in denen es als Wirkung wirklich gut war. Es war da, wo wir Schwarzweiß und Farbe kombiniert haben in einem Bild. Es war dort, wo wir in gezielten Momenten die Farbe eingesetzt haben, zum Beispiel in der Szene, in der der Junge über das Dorf fliegt und für seine Schwägerin, die eine Ferntrauung macht, rote Nelken abwirft. Bis zum Abwurf war alles in Schwarzweiß, mit den Nelken kam die Farbe. Da war es gut und richtig, aber in anderen Bereichen ist uns oft der Gaul durchgegangen.

Bei der Zweiten Heimat, deren fünf erste Folgen ich gedreht habe, haben wir uns auf ein anderes Prinzip geeinigt. Der Tag ist schwarzweiß und die Nacht ist farbig. Die Nacht ist für das Empfinden des Menschen farbig. Es wird oft ganz gern andersherum interpretiert, aber es ist eigentlich nicht so. Ich finde, am Tage registriert man nicht soviel Farbe wie in der Nacht. Dort geht es ganz konsequent nach diesem Prinzip. Es gibt kombinierte Übergänge, bei denen in einem Bild Farbe und Schwarzweiß eingesetzt werden. Beispielsweise geht vor einem schwarzweißen Stadtpanorama eine glutrote Sonne auf.

AD: Verwenden Sie Highspeed-Optiken und -Materialien?
— GR: Ich drehe sehr gern mit Highspeed-Optiken und normal empfindlichem Material.

XVII. Interviews

AD: Welchen Vorteil bietet das?
— GR: Die Qualität des normal empfindlichen Films ist nach wie vor besser. Der Highspeed-Film ist mir zu empfindlich. Ich bevorzuge in jedem Falle, egal wo und wie, eine Fotografie auf einem niederen Lichtniveau. Ich bin der Meinung, dass man mit wenig Licht das Verhältnis von Licht und Schatten besser in der Hand hat. Man kann natürlich mehr Licht einbringen und mit Blende 2,8 anstatt mit 1,3 drehen, weil die Schärfe besser ist, aber das Zusammenspiel von Licht und Schatten wird dann schwieriger.

AD: Warum?
— GR: Es ist meine Erfahrung. Man muss anfangen, Schatten aufzuhellen. Auch vorhandenes Licht, das noch so rumschwirrt, oder Licht, das von irgendwelchen Gegenständen abgestrahlt wird, das man dann so wunderbar mit einfangen, mit benutzen kann, das hört alles auf. Eine Fotografie mit einem ganz niederen Lichtlevel ist für mich qualitativ wesentlich höher stehend. Dafür reichen Highspeed-Optiken und normal empfindliches Material aus. Alles, was auf der Welt zu fotografieren ist, funktioniert mit dieser Kombination. Ich brauche kein Highspeed-Material. Beispielsweise bei einer sehr dunklen Straße hilft mir das Highspeed-Material auch nicht mehr, ich muss sie sowieso beleuchten. Wenn ich sage, die Straßenlaterne reicht mir aus, habe ich wieder diese Dokumentaraufnahme, die ich in jeder *Tagesschau* sehen kann, und habe keine bessere Wirkung. Wenn ich des Nachts eine Straße auszuleuchten habe, dann doch mit der Maßgabe, dass es irgendwie anders aussieht als ein Dokumentarfilm. Dafür reicht mir das normal empfindliche Material in der Kombination mit den Highspeed-Optiken und den ökonomischen Möglichkeiten, mit Lampen umzugehen, ohne dass man große Einheiten und zehn Beleuchter braucht.

AD: Sie sehen den Einsatz des normalempfindlichen Materials von der Gestaltung her und nicht von der Maßgabe der Produktion, Geld zu sparen?
— GR: Zu einer gewissen Ökonomie ist man verpflichtet. Mit einer unökonomischen Arbeitsweise macht man sich sein eigenes Medium kaputt. Das Verhältnis muss gewahrt bleiben, es darf natürlich auch nicht zugunsten der Produktion ausgehen, erstmal hat der Film Vorrang. Aber nur Aufwand um seiner selbst willen zu treiben, ist auch Schwachsinn. Wenn ich Aufwand treibe und dann bei Nachtaufnahmen auf 2,8 abblende, ist das für mich Nonsens, wenn es keinen speziellen Grund gibt.

AD: Unterbelichten Sie Nachtaufnahmen?
— GR: Ich bevorzuge die Version, eher kräftig zu belichten und dann ein gutes Kopierlicht draufzugeben. Das Thema *Kopierlicht* ist in der Fotografie extrem

3. Interview mit Gernot Roll

wichtig. Es geht bei der gedanklichen Vorarbeit nicht nur um die Belichtung – das Bild soll die und die Wirkung haben –, sondern auch darum, das Kopierlicht mit einzukalkulieren. Das heißt, hier spekuliere ich darauf, dass es hohes Kopierlicht ist und meine Wirkung steigert, und da, dass es ein geringes Kopierlicht ist.

AD: Was heißt »hohes Kopierlicht«?
— GR: Ich belichte stärker und kopiere dann wieder runter. Mit dieser Variante arbeite ich sehr oft.

AD: Sie suchen sich also den Bereich auf der Gradationskurve aus – ob Sie im flachen oder steilen Bereich arbeiten?
— GR: So ist es. Das ist auch etwas, das früher oft durch die alte, klassische Lehrmeinung schlechtgemacht worden ist. Es gibt nun mal eine Vielzahl von Kopierlichtern, und man sollte sie auch ausnutzen. Alles andere ist ein faules Denken. Aus der Sicht der Kopierwerke wurde ein merkwürdiger Qualitätsindex herausgegeben:»Das ist ein guter Kameramann, wir können den ganzen Film mit einem Licht kopieren.« Das war für mich eine der dümmsten Äußerungen, die ich je im Zusammenhang mit Fotografie gehört habe. Es ist fast bösartig und zeigt wenig Fachwissen. Die Variante des Kopierlichts schätze ich ganz hoch ein und will die auch benutzen.

AD: Arbeiten Sie auch mit vielen kleinen Einheiten, pointillistisch, wie es heutzutage Mode ist?
— GR: Nicht so in dem Sinne. Es macht mir Spaß, ein Zimmer nur mit einem Scheinwerfer zu beleuchten, beispielsweise einen 12-kW in ein Zimmer zu schicken, ohne dass jemals ein Schauspieler dieses Licht fängt, oder ohne dass einmal die Wand fotografiert wird oder der Boden, wo der Scheinwerfer auftrifft. Ich habe da keine Prinzipien. So Schlagwörter wie: ›Hach, das machen wir mit Lichtinseln!‹ – dieser ganze Unfug macht mich eher krank.

AD: Also ein 12-kW durchs Fenster und nur das Raumlicht reichen aus?
— GR: Ja, der ganze Schubertfilm ist so fotografiert worden. Für den dritten Teil, der in einem Zimmer spielt, hat über viele Tage nur eine Lampe gebrannt. Ein 6-kW durchs Fenster, das war unser Prinzip, und dann suchten wir die Positionen der Schauspieler zum Licht.

AD: War das das Grundlicht?
— GR: Das war das einzige Licht. Es kommt in der Natur überhaupt nicht vor, und trotzdem haben wir es so gemacht, dass die Schatten nach oben fallen. Das Gesicht war mit einem gelben Licht bis zu den Augen total überbelichtet, und

179

XVII. Interviews

andere Teile waren total unterbelichtet. Das waren Dinge, die Wirkungen hinterlassen.

AD: Kam die Spitze auch von unten?
— GR: Die chinesische Sonne scheint immer von unten. Aber ernsthaft, man muss sich über diese Dinge hinwegsetzen. Man ist hoffnungslos verloren, wenn man es nicht tut, weil es langweilig wird. Alle haben heute einen hohen Standard erreicht, das sehe ich oft, und trotzdem merke ich, dass sich alles zunehmend gleicht, weil es so allgemeinverbindliche Regeln gibt wie beispielsweise, dass man eine Hauswand heutzutage durch einen Baum beleuchtet, mal mit ein bisschen mehr Baum, mal mit ein bisschen weniger Baum, und irgendwo fällt ein Licht raus. Okay, manchmal geht es nicht anders, aber das sind so Sachen, die vom einen wie vom anderen haargenau gleich gemacht werden. Auch ist die Fotografie ziemlich katalogisierbar geworden. Man muss zumindest versuchen, sich davon frei zu machen. Es ist gar nicht so einfach, andere Wege zu finden. Man kann ja auch nicht grenzenlos Einfälle produzieren, also ich kann das auch nicht.

AD: Der Schubertfilm spielt zu einer Zeit, in der es als Lichtquellen hauptsächlich Kerzen gab. Spielte das eine Rolle für Sie?
— GR: Ja, wir haben hauptsächlich Kerzen eingesetzt.

AD: Die sind dann verstärkt worden?
— GR: Ja, in der Regel vom Boden aus, denn das gibt einem die wunderbare Chance, dass man alle Scheinwerfer überschwenken kann, und man hat nichts Störendes mehr oben. Das ist ein Lichtprinzip, das ich sehr gerne mache. Alle Lampen vom Boden, und man kann 360° schwenken, sieht keine Lampe und hat eine Mordswirkung.

AD: Ist es für Sie wichtig, die Lichtquellen wie beispielsweise eine Kerze im Bild zu haben?
— GR: Das hilft oft, muss aber nicht sein. Man unterliegt dabei schnell der Gefahr, dass man es übertreibt.

AD: Wie sieht es mit der Handlungsachse bei so einem Schwenk um 360° aus? Bernhard Wicki geht in einer Minute viermal über die Achse.
— GR: Das macht doch nichts. Wozu ist die Achse da? Dafür, dass sie dem Zuschauer die Vorstellung der Geographie einer Szene ermöglicht. Ich kann jederzeit die Achsentheorie verlassen, solange die Choreographie und die Geographie einer Szene erhalten bleiben. Keiner kann mich zwingen, das anders zu machen.

3. Interview mit Gernot Roll

AD: Nein, nein.
— GR: Es heißt zwar immer, es gehe nicht. Wieso? Wir machen es jetzt so, und dann geht es ja. Man hört diese Behauptung auch immer aus den Schneideräumen; die Cutterin sagt:»Das kann ich nicht schneiden!« Erstmal kann man alles schneiden, denn die Klebestelle lässt sich ja machen?

AD: Ja, klar.
— GR: Da funktioniert oft mehr, als man glaubt.

AD: Diese Meinung trifft man oft bei Anfängern.
GR: Ja, das haben sie sich gerade mal angeeignet. Es ist ein großer Fehler, wenn man sich starr diesen althergebrachten Regeln unterwirft. Die Regeln haben natürlich ihren Sinn, aber man muss lernen, sie zu interpretieren und ihnen nicht starr zu folgen. Alles andere führt zur Langeweile und ist katalogisierbar:»Heute schlagen wir nach im bundesdeutschen Einstellungskatalog von 17 a bis 19 b. Da steht es drin, wie wir das heute zu machen haben.« So kann man es auch machen, aber es führt zu nichts.

AD: Glauben Sie, dass die Lichtstimmung am Set für den Schauspieler fühlbar ist und sein Spiel beeinflusst?
— GR: Glaube ich schon. Hauptsächlich auch dann, wenn man ihm die Chance gibt, das Ergebnis anzuschauen, und ihn von der Kollegialität her in diese Gedanken mit einbindet. Ich habe beste Erfahrungen damit gemacht, dass ich Schauspieler durch die Kamera schauen lasse. Ich finde, dies ist ein ganz wunderbares Hilfsmittel, um bei denen Verständnis für die eigene Arbeit zu wecken. Ich beobachte ihn ja auch, und ich setze mich mit seiner Arbeit auseinander. Umgekehrt finde ich es auch gut, wenn der Darsteller das Gefühl hat, er ist auch an dieser Sache beteiligt; und nicht nur das Gefühl hat, er ist derjenige, der manipuliert wird. Er ist genauso ein Partner im Ablauf, im großen Uhrwerk. Es ist ein Riesengewinn für den Film.

AD: ... um ihm auch die Schärfenprobleme klarzumachen.
— GR: Ja, und dann in anderen Situationen zu sagen:»Hier spielt es keine Rolle, hier kannst Du tun und lassen, was Du willst.« Ab irgendeinem Punkt begreift er es, er ist dankbar dafür und spielt mit, es macht ihm mehr Spaß, und es ist unterm Strich für alle Beteiligten besser, vom Ergebnis her. Es ist eine ganz wichtige Angelegenheit, die Schauspieler in die Probleme des Lichts einzubeziehen, damit sie nicht sagen:»Das ist eh wurscht, Hauptsache, ich bin gut zu sehen.«

XVII. Interviews

AD: Welchen Ihrer Filme halten Sie vom Licht her für besonders gelungen? Die Frage nach dem liebsten Kind.

— GR: Das sind fünf Filme. Der Reihe nach sind das die Wallensteinverfilmung nach Golo Mann 1977, dann BUDDENBROOKS, ist mir auch ein sehr liebes Kind, HEIMAT und die Filme mit Axel Corti, SANTA FEE und WELCOME IN VIENNA. Das war eine Schwarzweiß-Trilogie.[59] WELCOME IN VIENNA war auch ein internationaler Erfolg. Er ist über 14 Wochen in Paris gelaufen. Und ein Highlight ist der Schubertfilm MIT MEINEN HEISSEN TRÄNEN.

---

59 Die Trilogie trägt den Namen WOHIN UND ZURÜCK. Der dritte Teil heißt AN UNS GLAUBT GOTT NICHT MEHR.

4. Interview mit Jost Vacano[60]

Jost Vacano arbeitet seit 1962 als Kameramann.

Zusammenarbeit mit:
Peter Beauvais, Tony Bill, John Frankenheimer, Billy Graham, Rolf Hädrich, Eberhard Itzenplitz, Roland Klick, Wolfgang Petersen, Daniel Petrie, Peter Schamoni, Volker Schlöndorff, Duccio Tessari, Paul Verhoeven, Peter Zadek

Wichtige Produktionen:
SCHONZEIT FÜR FÜCHSE – SUPERMARKT – DIE VERLORENE EHRE DER KATHARINA BLUM – LIEB VATERLAND, MAGST RUHIG SEIN – THE 21 HOURS OF MUNICH – SOLDIER OF ORANGE – SPETTERS – DAS BOOT – DIE WILDEN FÜNFZIGER – DIE UNENDLICHE GESCHICHTE – 52 PICK UP – ROBO COP – ROCKET GIBRALTAR – TOTAL RECALL – UNTAMED HEART – SHOWGIRLS – STARSHIP TROOPERS – HOLLOW MAN

Preise/Auszeichnungen:
Festival Prag, Kamerapreis für »Mord in Frankfurt«, Bundesfilmpreis in Gold für »Die verlorene Ehre der Katharina Blum« und »Lieb Vaterland magst ruhig sein«, Bayerischer Filmpreis für »Das Boot«, Oscar Nomination (Kamera) für »Das Boot«, Deutscher Kamerapreis 2001 (Ehrenpreis), Imago-Award 2002, Goldene Kamera 2007 für »Das Boot«

AD: Ich habe den Eindruck gewonnen, dass amerikanische Filme vom Licht her anders aussehen als deutsche Filme. Unsere Streifen wirken immer ›clean‹ und ›sonnig‹, soweit man das so vereinfacht sagen kann.

— JV: So allgemein lässt sich das nur schwer sagen. Ich, als deutscher Kameramann, mache seit fünf Jahren nur noch amerikanische Filme. Ich bin mir über diese Unterschiede nicht so recht im Klaren. Die Art, wie ich dort fotografiere, wird wohl als amerikanisch angesehen, denn ROBO COP und TOTAL RECALL waren sehr erfolgreich. Ich glaube, es hat weniger mit dem Licht zu tun als vielmehr mit der Art, wie man Filme insgesamt angesiedelt hat. Die Filme, die ich 25 Jahre lang hier in Deutschland gedreht habe, unterlagen, ausgehend von einer finanziellen Begrenzung, auch immer einer räumlichen Begrenzung. Deutsche Fernsehfilme, die man so sieht, spielen immer in kleinen Wohnzimmern, kleinen Küchen und dem Flur dazwischen. Amerikanische Geschichten sind sehr viel weiträumiger, die Sets sind sehr viel größer. Man kann es sich leisten, großzügige Dekorationen

---

60   Das Interview wurde 1991 geführt.

XVII. Interviews

zu bauen und große Originalräume auszuleuchten. Hier ist das Ausleuchten gar nicht im Budget mit drin.

AD: Ich erinnere mich da an eine Szene aus dem Film ROBO COP, und zwar an die Szene in der großen Polizeiwache. Wäre das Motiv in einem hiesigen Film gewesen, so sähe es sicher hell und sauber aus. Von der Perfektion der Lichtstimmung her hatte ich den Eindruck, dass diese Dekoration nicht ausgeleuchtet war.

— JV: Ich bin ein fanatischer Verfechter eines gewissen Realismus. Das ist sicher eine Eigenart meiner Lichtgestaltung. Dieser Realismus kann durchaus überhöht sein, aber der Zuschauer soll den Eindruck haben, er erlebe die Szene mit. Je realistischer und nachvollziehbarer es für den Zuschauer ist, umso besser finde ich es. Ich finde es nicht schön, wenn in jeder Einstellung die Sonne scheint und der 12-kW-Scheinwerfer durchs Fenster leuchtet und ein Fensterkreuz auf die Wand projiziert. Ich versuche immer, von einer realistischen Beleuchtung auszugehen, und liebe es ganz besonders, wenn die Beleuchtung in das Set integriert ist. Daher auch meine Vorliebe für Leuchtstoffröhren, denn eine Leuchtstoffröhre kann man im Bild haben, man braucht sie nicht zu verstecken. In diesem Polizeirevier gehörten die Leuchtstofflampen nicht nur zur Dekoration, sondern sie waren auch Bestandteil der Lichtgestaltung.

AD: Wie war die Wache denn insgesamt ausgeleuchtet?

— JV: Das war kein Studio, sondern eine Originaldekoration, ein leerer Tanzsaal eines Restaurants. Der Architekt hat einen Teil der Säulen und die unterschiedlichen Ebenen hinzugefügt. Ich habe in diesem Raum eine Menge Leuchtstofflampen installieren lassen und zwar so, wie sie auch angeordnet gewesen wären, hätte es sich nicht um eine Filmdekoration gehandelt, sondern um ein reales Polizeirevier. Lichtquellen sind im ›praktischen Leben‹ immer den Plätzen zugeordnet, wo sie einen Sinn ergeben, zum Beispiel Arbeitsplätzen oder auch vielfach natürlichen Lichtquellen, beispielsweise über den Fenstern, wo sie gewissermaßen das Tageslicht verstarken oder es des Nachts simulieren.

AD: Welche Scheinwerfer waren draußen vor den Fenstern platziert?

— JV: Draußen standen wahrscheinlich zwei 12-kW-Tageslichtlampen, um ein kontinuierliches Licht von außen zu haben. In Amerika ist der Drehtag oft länger als zwölf Stunden; man muss auch dann weiter drehen können, wenn es draußen schon dunkel ist.

AD: Was bringen die beiden 12-kW-Scheinwerfer? Sind nur die Fenster hell, oder ist eine gewisse Lichtstärke im Raum vorhanden?

4. Interview mit Jost Vacano

— JV: Eine gewisse Lichtstärke ist vorhanden. Es hängt davon ab, wie die Fenster beschaffen sind, ob sie klar sind oder ob da Vorhänge oder Jalousien sind.

AD: Sie wirkten matt und waren überstrahlt.
— JV: Ja, es wurde eine Milchglasfolie aufgeklebt. Man macht es, damit nicht zu erkennen ist, dass es draußen eventuell schon Nacht ist. Das Überstrahlen empfinde ich als ganz natürlich. Eine Beschränkung, dass es draußen nur eine Blende heller sein darf als innen, ist unsinnig. Wenn man in einem normalen Zimmer ist, und die Augen haben sich an den Lichtlevel gewöhnt, und man schaut dann aufs Fenster, dann kommt einem selbstverständlich das Fenster viel zu hell vor. Man kann diesen Effekt sehr gut einsetzen, um draußen Dinge unsichtbar zu machen.

AD: Die Leuchtstoffröhre gibt doch ein sehr gleichmäßiges, langweiliges Licht ab. Außer in Küchen und Werkstätten, wo man möglichst schattenfreies Licht braucht, werden die Röhren im Wohnbereich nicht mehr eingesetzt, weil das Licht so stimmungslos ist. Worin liegt das Geheimnis, mit Leuchtstofflampen so stimmungsvolle Bilder auszuleuchten?
— JV: Es gibt kein Geheimnis, Licht ist Licht. Auch bei der Leuchtstofflampe nimmt das Licht im Quadrat zur Entfernung ab.[61] Sowohl bei Leuchtstofflampen wie überhaupt bei indirektem Licht herrscht immer das große Missverständnis, dass die Leute meinen, man richtet alles Licht gegen die Decke und macht damit alles hell. Wenn ein indirektes Licht so geführt wird wie ein hartes Licht, macht es nicht den Eindruck, dass alles hell ist und das Licht alles zuschmiert. Würde man alles mit Röhren vollhängen, so wäre das sicher der Fall. Konzentriert man aber die Leuchtstoffröhren auf bestimmte Bereiche und lässt das Licht dazwischen abfallen, so geht es wunderbar. Der große Vorteil ist, es sind Lampen, die man im Bild zeigen kann, weil sie sich in die Dekoration einfügen. Das ergibt eine sehr große Flexibilität, man braucht weniger umzubauen, weil man keine Lampen verstecken muss, die man nicht im Bild zeigen darf.

AD: Bei TOTAL RECALL wurden einige Szenen mit mehreren Kameras gleichzeitig aufgenommen; das Licht kommt diesen Einsatzbedingungen entgegen.
— JV: Ja, die Gagen der Stars betragen mehrere Millionen Dollar. Auf die Drehtage beziehungsweise Drehstunden umgerechnet ist das so viel Geld, dass der Zeitfaktor außerordentlich wichtig ist. Daher dreht man in Amerika oft mit mehreren Kameras gleichzeitig, um innerhalb der Drehzeit zu bleiben.

Leuchtstoffröhren haben noch einen interessanten Effekt. Durch ihre langgezogene Form liefern sie in einer Richtung weiches Licht und in einer anderen hartes

---

61   Vgl. Seite 50.

XVII. Interviews

Licht. Beleuchtet man ein Gesicht mit einer waagerecht liegenden Leuchtstofflampe, dann umflutet das Licht das Gesicht. Auch die Seiten bekommen etwas ab. Drehen Sie die gleiche Röhre um 90° in die Senkrechte, so wirkt sie wie eine harte, gerichtete Lichtquelle aufgrund ihrer nur geringen Breite. Bei ROBO COP hatte die Hauptdarstellerin ein sehr rundes Gesicht, man muss da vorsichtig sein, denn hätte ich es mit weichem Licht beleuchtet, so hätte es sehr flach und konturlos ausgesehen. Wenn aber die Atmosphäre sehr schön und weich ist, und man beleuchtet die Gesichter mit hartem Licht, weil der Ausdruck dann interessanter ist, so passt das wiederum nicht zum Raum. Ich habe das Problem mit Leuchtstofflampen gelöst. Über dem Kopf habe ich eine Leuchtstofflampe in Längsrichtung anbringen lassen. Der Teil, der direkt über dem Kopf ist, liefert ein sehr steiles Licht, das andere Ende der Lampe, das weiter entfernt ist, ein sehr flaches Licht. Die Seiten der Gesichter waren durch die Schmalheit der Röhre gut moduliert.

AD: Eine Leuchtstofflampe hat ja eine geringere Reichweite als beispielsweise ein Stufenlinsenscheinwerfer. Muss man die Röhre aufgrund der geringen Reichweite im Bild zeigen?

— JV: So kann man das nicht sagen, obwohl ein Stufenlinsenscheinwerfer natürlich auf eine größere Entfernung einsetzbar ist. Das Problem ist aber grundsätzlich. Steht ein Schauspieler in einer Entfernung von einem Meter zur Lampe und geht einen weiteren Meter weg, so fällt auf ihn nur noch ein Viertel des ursprünglichen Lichts, aufgrund der räumlichen Ausbreitung. Vergrößert sich ebenfalls um die gleiche Distanz von einem Meter die Entfernung von fünf auf sechs Meter, so ist die Lichtänderung fast unmerklich.

AD: Setzen Sie normale Leuchtstoffröhren ein?

— JV: Nein, man muss sehr auf die Farben achten. In Amerika sind die Farben der Röhren anders, mit den hiesigen Erfahrungen kann man drüben nicht viel anfangen. Es gibt Leuchtstofflampen, die einen sehr hohen Lichtstrom im Verhältnis zur elektrischen Leistung abgeben. Sie werden beispielsweise in Fabriken und Werkhallen eingesetzt, haben aber leider nur ein ganz primitives Linienspektrum[62]. Man kann sie dort einsetzen, wo die Farbwiedergabe nicht wichtig ist, zum Beispiel bei Straßenbeleuchtungen oder in Unterführungen. Es sind die Lampen, die blaugrün scheinen. Je kontinuierlicher das Linienspektrum ist, umso besser ist natürlich die Farbwiedergabe, aber umso geringer ist der Lichtstrom.

---

62 Im Gegensatz zu Glühlampen und anderen Temperaturstrahlern haben Leuchtstofflampen kein komplettes Farbspektrum. Die Lichtfarbe wird dort aus einzelnen separaten Farblinien des Spektrums gemischt.

4. Interview mit Jost Vacano

AD: In ROBO COP und TOTAL RECALL passt ja diese blaugrüne Lichtstimmung zum Inhalt. Wie würden Sie Leuchtstoffröhren in einem Film einsetzen, der sich nicht so weit von unserer Alltagswelt entfernt?

— JV: Ich würde etwas vorsichtiger mit den Lichtfarben sein. Man muss die Leuchtstoffröhren ja nicht im Bild zeigen; dass man es kann, ist natürlich ein Vorteil. Leuchtstoffröhren lassen sich wunderbar verstecken, in einer Türfüllung oder in einer Fensternische, sie lassen sich auf einen Schrank legen oder hinter ein Sofa klemmen. Man kann sie an Plätzen anbringen, wo Scheinwerfer nur schlecht hinkommen.

Ich muss aber sagen, dass der Einsatz von Leuchtstoffröhren eine zwar neue und interessante, aber doch nur eine zusätzliche Möglichkeit der Lichtgestaltung ist. Die Grundlage einer Filmausleuchtung ist nach wie vor das Glüh- und HMI-Licht in allen seinen traditionellen und auch neuen Anwendungsformen. Gerade die Vielfalt der technischen Möglichkeiten ergibt die Freiheit in der kreativen Anwendung.

AD: Bevorzugen Sie die Fotografie auf einem niedrigen Lichtniveau?

— JV: Das ist unterschiedlich, allerdings darf der Level nicht zu niedrig sein. Ich finde es nicht sehr gut, wenn aufgrund der geringen Tiefenschärfe der offenen Blende Teile des Bildes unscharf sind. Der Zuschauer hat ein Recht, alles zu sehen und alles zu erkennen. Auch fühlt er sich oft vergewaltigt, wenn er nicht dahin schauen kann, wohin er möchte, sondern nur dahin, wo es scharf ist. Man kann natürlich so argumentieren, dass es Absicht sei, die Geschichte so zu erzählen. Aber ich finde die Aufmerksamkeitslenkung durch die Inszenierung besser als die durch Unschärfen und Schärfen. Es gibt Kollegen, die ein niedriges Lichtniveau mit der Begründung, es wäre alles feiner abstimmbar, bevorzugen. Meiner Meinung nach resultiert das aus den physiologischen Möglichkeiten des Auges. Bei einem niedrigen Lichtlevel ist die Pupille des Betrachters sehr weit geöffnet. Wenn er nun in eine dunkle Schattenecke schaut, hat die Pupille nicht mehr viele Möglichkeiten, sich weiter zu öffnen. Der Kameramann, der so verfährt, kann besser die Kontraste abschätzen, da das Auge durch die geöffnete Pupille einen geringeren Kontrastumfang besitzt. Dies ist eine Arbeitserleichterung, da man so schneller ein Gefühl für die Kontrastverhältnisse bekommt. Der gleiche Effekt lässt sich aber auch mit dem *Grauglas* erreichen. Hält man es sich vors Auge, so öffnet sich die Pupille, und das Auge wird kontrastempfindlicher. Durch das Glas werden die Kontraste nicht verändert, sondern es ist nur ein Kunstgriff, um das Auge daran zu hindern, die Pupille ständig zu öffnen und zu schließen.

XVII. Interviews

AD: In alten Glamourfilmen waren die weiblichen Stars immer typisiert, ich will damit sagen, sie sahen in den verschiedensten Filmen immer ähnlich oder gleich aus.

— JV: Das hat einen egoistischen Grund. Die Stars hatten eine sehr große Erfahrung, sie wussten, wie sie in den unterschiedlichen Situationen ausgesehen haben. Sie wollten immer so aussehen, wie es ihrer Idealvorstellung von ihrem Gesicht am nächsten kam. Sie hatten ein fantastisches Gespür dafür, wie der Kameramann es gemacht hat. Im damaligen Starsystem hatten die Stars nicht nur ihre persönlichen Maskenbildner, sondern auch ihre persönlichen Kameraleute. Der Star konnte das bei der Produktion durchsetzen. Wenn immer der gleiche Kameramann das Licht setzt, dann kann es auch immer gleich aussehen. Auf der anderen Seite wurde diese Typisierung aber auch eingesetzt, damit das Publikum wegen diesem Star, seinem Liebling, ins Kino ging. Er sollte ja auch immer sein Star bleiben. Er darf sich zwar der Rolle anpassen, aber nicht so, dass man ihn nicht wiedererkennt. Marlene Dietrich ist da ein Musterbeispiel, sie ist immer mit einem steilen Licht beleuchtet worden, das man sonst so gar nicht einsetzt, aber bei ihr betonte es die hohen Wangenknochen und sah gut aus.

AD: Setzt man heute diese Typisierung auch ein?
— JV: Nicht in diesem Maße. Es gibt auch nicht mehr diese Stars.

AD: Haben Sie Arnold Schwarzenegger in TOTAL RECALL typisiert?
— JV: Er ist natürlich auch typisiert, die ausgeprägten Wangenknochen, das etwas brutale Gesicht, das übrigens nicht zu seinem Charakter passt. Ich habe ihn über lange Strecken in TOTAL RECALL gegen diese Typisierung beleuchtet, um ihn zu einer normalen Figur werden zu lassen, die normal lebt und dann Probleme mit ihrer Umwelt bekommt. Zum Schluss, wenn das Alter Ego aus ihm herausbricht, habe ich ihn auf die Weise fotografiert, wie man gewohnt ist, ihn zu sehen.

AD: Wie haben Sie da das Licht gesetzt?
— JV: Jede Typisierung ist immer eine Verdeutlichung von Gesichtszügen, unter Umständen auch eine Übertreibung bestimmter Eigenheiten eines Gesichts. Diese Charakterzüge werden nur unter einem bestimmten Licht deutlich sichtbar. Bei Frauen ist das oft ein Frontallicht, bei Arnold Schwarzenegger ist das ein dreiviertel Seitenlicht.

AD: Wird das auch durch den Wechsel von weichem zu hartem Licht erreicht?
— JV: Ja, das natürlich auch. Überdeutliche Strukturen eines Gesichts bekommt man nur mit hartem Licht. Eine kleine Erhebung wirft einen deutlichen Schatten. Weiches Licht egalisiert mehr.

4. Interview mit Jost Vacano

AD: In dem Film ROBO COP hatte dieser Robo Cop fast immer einen blauen Reflex. Dies sollte sicher das metallische Aussehen unterstützen?
— JV: Genau, die Kostüme sind meistens aus Gummi. Durch kaltes Licht lässt man sie dann stahlartig wirken. Dieser Brustpanzer stellt ja gewissermaßen den Ausschnitt einer Kugel da. Die Oberfläche einer glänzenden Kugel wirkt wie ein Verkleinerungsspiegel. Leuchtet man nun mit einer Lampe darauf, so wird die relativ kleine Fläche zu einem Punkt. Man muss eine große Lichtfläche darin spiegeln lassen, damit man nicht den Eindruck hat, eine Lampe spiegele sich darin, sondern es leuchte von sich aus metallisch. Dies waren sehr oft lange, blaue Leuchtstoffröhren.

AD: Ist es nicht schwieriger, in einer Dekoration, die noch gebaut wird, das Licht von vornherein zu planen und bauen zu lassen, als eine vorhandene Original-dekoration auszuleuchten?
— JV: Das Schwierigste beim Licht ist immer die Konzeption. Man muss die Konzeption zu einem Zeitpunkt entwickeln, in dem man wahrscheinlich noch nicht in der Dekoration ist. Vielleicht in der Nacht davor, weil einen das Problem nicht schlafen lässt oder die Ausstattung fragt, wo man die Lampen hinhaben möchte. Es sind dann Dinge fixiert, die man nachträglich nicht mehr ändern kann, es muss von vornherein stimmen.

AD: In TOTAL RECALL gibt es eine Szene, die in einem riesigen Reaktor zwischen großen Röhren spielt. Die Röhren kommen von der Decke und verschwinden in Öffnungen im Fußboden. Durch diese Öffnungen dringt auch das Licht.
— JV: Die erste Frage, die ich mir da gestellt habe, war nicht: Wie beleuchte ich das?, sondern: Wo kommt das Licht her? Auf einer Zeichnung vom Architekten sah das wunderbar aus. Dieser Reaktor ist vor Millionen von Jahren im Innern eines Berges gebaut worden, es gibt keine Lampen, die man einfach anschalten kann. Unter dem Fußboden und diesen scheinbar endlos langen Stangen liegt ein riesiger Eisgletscher. Im Verlauf der Geschichte wird der Reaktor in Betrieb gesetzt, und die Stangen fahren herunter auf das Eis. Es kommt zu einer Reaktion, Wasserstoff und Sauerstoff entstehen, und es bildet sich eine Atmosphäre auf dem Mars. Ich bin nach langem Überlegen von dem Eis ausgegangen. Eis sieht dann am besten aus, wenn es von innen heraus leuchtet. So leuchtet auch der riesige Gletscher. Dieses bläuliche, diffuse Licht dringt dann durch den Spalt zwischen Stange und Fußboden. Die nächste Frage war: Wie stellt man so was her? Die Röhren stehen ja auf dem Studioboden, da kann nichts mehr durchkommen. Wir haben deswegen den Spielboden einen Meter höher gelegt und für die Stangen kreisförmige Löcher ausgeschnitten. Die Überlegung war: Das Licht, das hochscheint, ist von einer weit entfernten, riesigen Eisfläche. Praktisch ist aber

189

XVII. Interviews

nur ein Meter vorhanden. Wenn man da lauter Lämpchen reinstellt, Inkys oder Halb-kWs, würde man auf die kurze Distanz lauter Lichtflecken sehen, aus denen man zurückverfolgen kann, dass dort unten viele kleine Lampen stehen. Das Geheimnisvolle wäre weg, und es bliebe nur noch ein lächerlicher Effekt. Wenn das Licht von weither kommt, ist es unten genauso hell wie oben. Wir haben um die Röhren Leuchtstofflampen gelegt und haben so den gewünschten Effekt erreicht, dass man nicht den Eindruck hat, das Licht setze gerade unten an der Röhre an. Dies ist jedes Mal ein langer Prozess. Am Anfang steht immer die Frage: Wie sieht es da überhaupt aus?

AD: Dieses Licht reichte aber wahrscheinlich für die Szene noch nicht aus?
— JV: Richtig, es reichte noch nicht aus. Wenn man das Gefühl vermitteln will, woher das Licht kommt, dann muss da, wo es herkommen soll, die hellste Stelle im Bild sein. Darum wurde von oben noch sehr viel weiches Licht eingebracht, das keine zusätzlichen Schatten verursachte. Man ist von der Technik abhängig. Hätte ich mehr Platz unter dem Boden gehabt, so wäre dieser Effekt noch besser gewesen, aber leider ging es nicht.

AD: Auf den Säulen kamen dann noch Reflexe hinzu?
— JV: Ja, diese Rohre waren blaugrün-glänzend gestrichen und wirkten metallisch. Metall wirkt dadurch metallisch, dass es glänzt, im Gegensatz zu Steinwänden. Hinter den Säulen habe ich Batterien von Leuchtstofflampen versteckt, die die Reflexe und auch die Tiefe verursacht haben.

AD: Auf dem Mars herrschte eine rote Atmosphäre. Dieses rote Licht fand sich in fast allen Einstellungen wieder, auch in den Innenräumen. Wie haben Sie das technisch gelöst?
— JV: Auf dem Mars ist die Atmosphäre tatsächlich rot. Dieses rote Licht dringt auch durch die Glasdome der Stadt ein und beleuchtet alles rot. Für die Innenräume war das einfach zu lösen, indem das Licht rot gefiltert wurde. Bei den Außenaufnahmen war das schwieriger, denn da mussten auch die Schatten rot sein. Hier auf der Erde sind sie aber blau, da die Schatten ja nur durch das blaue Himmelslicht beleuchtet werden. Um den roten Effekt zu erreichen, habe ich das *Lightflexsystem* benutzt. Dieses System ermöglicht eine farbige Vorbelichtung der Schatten. Vor der Kamera befindet sich in einem Gehäuse in einem Winkel von 45° eine Glasscheibe, die wie ein teildurchlässiger Spiegel wirkt. Über dieses Gehäuse wird rotes Licht eingespiegelt und überlagert das Bild. In den dunklen Partien, den Schatten, wird dieses rote Licht ganz besonders gut sichtbar, je nach Intensität überlagert es das Blau und erzeugt so, zusammen mit einer roten Gesamtfilterung, die insgesamt rote Atmosphäre.

Register

A

abkaschen 60
absaufen 26, 101
Abschatterelemente 108, 109
Achsentheorie 180
Allen, Woody 20, 103
Almendros, Nestor 103
Amerikanische Nacht 101
AMERIKANISCHE NACHT, DIE 76
Annaud, Jean-Jacques 162
Asymmetrischer Fluter 33
Aufhellmaterialien 65, 70, 119
Aufhellung 51, 54, 55, 60, 61, 66, 70, 71, 72, 74, 76, 84, 87, 88, 91, 93, 98, 134, 144, 148, 159, 162, 165
Augenlicht 58

B

Backdrop 113, 114
Ballon-Licht 44, 87
BARRY LYNDON 27, 174, 175
Basinger, Kim 75
Beleuchtungsschere 61, 62
Beleuchtungsstärke 96, 131
Bergman, Ingmar 24
Bisset, Jacqueline 76
Black-Wrap 67, 107
Blaue Stunde 102, 103
Blue-Box-Aufnahmen 34
Brut 45
BUDDENBROOKS 182
Butterfly 97, 98

C

Candela 131
Ceramic 48
CITIZEN KANE 20
Coleman, Edward 23

Coppola, Francis Ford 103, 157
Corti, Axel 182
Cosmeticfolie 84
CROSSFIRE 21, 23, 101

D

Dachl 162, 163
Dedolight 37, 48
Dekamired. siehe Mired
Dekorationslicht 58
Delli Colli, Tonino 162
Dietrich, Marlene 19, 20, 60, 188
diffuses Licht. siehe weiches Licht
Diffusionsmaterialien 46, 63, 121
Diffusoren 63
dimmen 45
Dmytryk, Edward 21
Doppelfunktionsscheinwerfer 27, 37
Doppelleistungsscheinwerfer 27, 36
Downlight 57

E

Effekte 71
Effektschatten 72, 74, 115, 121, 169
elektrische Leistung 87

F

Farbeffektfolien 68, 157
Farbentsättigung 157, 158, 176
Farbtemperatur 38, 45, 46, 47, 77, 78, 79, 82, 83, 84, 99
FEUERZANGENBOWLE 72
Filmbelichtungsmesser 126
Flächenleuchte 27, 28, 37, 38, 46, 54, 75, 87, 149
flickern 45
Flieger. siehe Butterfly
Flood 29, 31, 38, 46
fokussieren 29, 37
Fresnel-Linse 29
Frostfolie 63, 72, 87, 108, 145

Register

G

Gammawert 124, 125, 155
Gegenlicht 58
gerichtetes Licht. siehe hartes Licht
Gloriole 19, 55, 61
Gradationskurve 123, 124, 127, 179
Grauglas 187
Graukarte 126, 128, 129, 130
Greenaway, Peter 71
Groll, Gunter 21
Grundausstattung 119
Grundkonzept 143

H

HANNAH UND IHRE SCHWESTERN 20
hartes Licht 45, 46, 58, 185, 186
Hauptlicht 49, 51, 52, 53, 54, 55, 59, 60,
    61, 70, 71, 72, 74, 76, 84, 87, 88,
    89, 90, 93, 96, 98, 101, 126, 165,
    166
HEIMAT 177, 182
Hershey, Barbara 20
High-Key 25, 167
Highspeed-Filmmaterial 103
Highspeed-Optiken 103, 174, 175, 177,
    178
Hinterlicht 58
HMI-Lampen 47
Hohlkehle 16, 110, 111, 148
Horizontfluter 34. Siehe Asymmet-
    rischer Fluter

I

Industriefilm 120
Inky 38, 159, 162, 190

J

Janebeam 38, 159

K

Kadrage 152
Kadrierung 152, 165

Kerzenlichtfotografie 168, 173, 175
Kleiderlicht 58
KOCH, DER DIEB, SEINE FRAU UND IHR LIEB-
    HABER, DER 71
Kohlebogenscheinwerfer 45
Kokolores 72, 121
KÖNIGS HURE, DES 176
Kontrastglas 99
Konversionsfilter 78
Konversionsfolien 68, 79, 84, 119, 121
Kopierlicht 178, 179
Kuki. siehe Kokolores
Kunstlicht 41, 42, 44, 46, 47, 48, 68,
    75, 77, 78, 79, 83, 84, 89, 119,
    120, 121, 149

L

Leistungsstufen 49
Leuchtdichte 26, 83, 124, 131
Leuchtstofflampen 41, 42, 79, 87, 184,
    185, 186, 190
Lichtausbeute 31, 47, 83, 84, 87, 131
Lichtfarbe 18
Lichtgestaltung 15
Lichtgestaltung (Def.) 21, 71
LICHT IM WINTER 24
Lichtkante 55, 108, 145
Lichtmessung 126, 128, 130
Lichtstärke 15, 49, 68, 83, 107, 124,
    129, 131, 184, 185
Lichtstimmung 18
Lichtstrom 11, 131, 186
Lichtzelt 108, 109, 110
Lightflexsystem 190
Lightmodulator 16
Logik 9, 23, 24, 52, 167, 168, 169, 171,
    172
Low-Key 25, 167
Lumen 131
Lux 15, 131

M

MARY POPPINS 23
Mastershottechnik 152

matschig 95
Mehnert, Hilmar 22, 23, 156, 158, 167
Millerson, Gerald 156
Mired 78
Mischlicht 68, 81, 82, 83, 84, 87, 90, 96, 98, 100
MIT MEINEN HEISSEN TRÄNEN 115, 169, 182
Mizar 38
Motivbesichtigung 86

N

Nachtaufnahmen 91, 92, 93, 101, 102, 160, 167, 168, 173, 178
NAME DER ROSE, DER 162
ND-Folie. siehe Neutralgraufolie
9 ½ WOCHEN 75
Neutralgraufolie 83
NEW YORKER GESCHICHTEN 103
Normalstil 25
Nykvist, Sven 24, 103

O

Oberflächenstrukturen 16
Oberlicht 57
Objektmessung 126, 128
Objektumfang 128, 129
OHNE EINEN MORGEN 156
Operafolie 34
Ophüls, Max 156
Originaldrehort 85, 86, 87, 89

P

Packshot 105, 110, 143, 144, 148
PAR 27, 30, 31, 46
Paraboloid 27
PASSAGIER, DER 157
Pinza 38, 159
Pointillismus 101
pointillistische Ausleuchtung 89
Polecat 68, 86
Porträtausleuchtung 21, 53, 58, 59, 60, 61, 70, 71, 75, 82, 84, 87, 96, 126
Präparation 105

Profilscheinwerfer 32, 37
PSEUDO 154

R

Raumlicht 16, 55, 91, 179
Reflexe 11, 12, 91, 100, 106, 108, 190
Reflexionsgrade 128
Reflexionslicht 55
Reportagefluter 28, 76, 119, 120, 121
ROBO COP 183, 184, 186, 187, 189
Rourke, Mickey 75
Rühmann, Heinz 72

S

SANTA FEE 182
Schatten 21, 81
SCHLAF DER VERNUNFT 154, 155
Schüftan, Eugen 156
Schwarzenegger, Arnold 188
Scorsese, Martin 103
Seitenlicht 58
Set 43, 44, 51, 74, 92, 95, 100, 134, 144, 145, 146, 147, 148, 149, 159, 169, 173, 181, 183, 184
Silberblende 66, 96, 101, 121, 128
Softboxes 64
soften 64
Spacelight 43
Spiegelung 58, 106, 107, 108, 109, 110
Spitzlicht 55, 58, 60, 61, 74, 75, 76, 84, 88, 91, 93, 97, 98, 111, 126, 127, 129, 146
Spot 18, 29, 31, 38, 105, 106, 157
Spotmeter 126
Starcrossfilter 106
Stative 68
Stevenson, Robert 23
Stimmung 144
Stöckel, Ulla 156
Storaro, Vittorio 103, 143, 157
Storyboard 169, 170
Streiflicht 58
Streukalotte 126
Streulicht 46, 55, 98, 109

Register

Studiodekoration 85, 100, 112
Stufenlinsenscheinwerfer 27, 28, 29, 38, 46, 53, 54, 55, 72, 74, 75, 87, 89, 107, 149, 153, 186
STUNDE NULL 177
Sydow, Max von 20

T

Tageslicht 31, 41, 42, 44, 46, 47, 48, 52, 68, 75, 77, 78, 79, 81, 83, 87, 89, 119, 149, 184
Teamfähigkeit 135
Teamführung 135
TERMINAL 38
Toland, Gregg 20
TOTAL RECALL 183, 185, 187, 188, 189
Truffaut, François 76, 101
Tubus 67, 107

U

überstrahlen 26, 67, 68, 83, 86, 185
Unterlicht 58

V

Verfolgerspot 27, 32, 45, 46

Verlauffilter 99, 144
Vorbesichtigung. siehe Motivbesichtigung
Vorderlicht 57
Vorsichtsmaßnahmen 51
Voute. siehe Hohlkehle

W

weiches Licht 43, 44, 46, 64, 66, 154, 185, 188, 190
Weichstrahler 27, 32, 46, 53, 55, 61, 63
WELCOME IN VIENNA 182
Welles, Orson 20
Wendy-light 160
Wicki, Bernhard 180

Z

ZABOU 159
Zeichnung 26, 102, 189

Weiterlesen

Film | Journalismus | Kommunikationswissenschaft | Public Relations | Soziologie | Geschichte

Kai Holland, Françoise Kuntz
Bildrecherche für Film und Fotografie
2007, 348 Seiten,
Engl. Broschur
ISBN 978-3-89669-554-3

Klicken + Blättern

Leseprobe und Inhaltsverzeichnis unter

Erhältlich auch in Ihrer Buchhandlung.

UVK Verlagsgesellschaft mbH

Weiterlesen

Film | Journalismus | Kommunikationswissenschaft | Public Relations | Soziologie | Geschichte

Unsere Stars bekennen sich:
Exklusive Einblicke in die deutsche Filmbranche

Béatrice Ottersbach,
Thomas Schadt, Nina Haun (Hg.)
Schauspieler-Bekenntnisse
2007, 350 Seiten, broschiert
ISBN 978-3-89669-685-4

Marie Bäumer
Christian Berkel
Daniel Brühl
Sylvester Groth
Hannah Herzsprung
Paula Kalenberg
Ulrike Kriener
Maren Kroymann
Ulrich Matthes
Anna Maria Mühe
Christiane Paul
Axel Prahl
Max Riemelt
Udo Samel
Andrea Sawatzki
Edgar Selge
Robert Stadlober
Matthias Schweighöfer
Katharina Wackernagel
Felicitas Woll
Rosel Zech

Klicken + Blättern

Leseprobe und Inhaltsverzeichnis unter
www.uvk.de
Erhältlich auch in Ihrer Buchhandlung.

UVK Verlagsgesellschaft mbH

Weiterlesen

Unsere Stars bekennen sich:
Exklusive Einblicke in die deutsche Filmbranche

Béatrice Ottersbach,
Thomas Schadt (Hg.)
Regiebekenntnisse
2006, 342 Seiten, broschiert
ISBN 978-3-89669-673-1

Sven Bohse
Pepe Danquart
Andreas Dresen
Dennis Gansel
Sherry Hormann
Dani Levy
Vivian Naefe
Claudia Prietzel
Roland Suso Richter
Hartmut Schoen
Niki Stein
Hannes Stöhr
Oliver Storz
Tom Toelle
Margarethe von Trotta
Andres Veiel
Christian Wagner
Wim Wenders

Klicken + Blättern

Leseprobe und Inhaltsverzeichnis unter
www.uvk.de
Erhältlich auch in Ihrer Buchhandlung.

UVK Verlagsgesellschaft mbH

Weiterlesen

Unsere Stars bekennen sich:
Exklusive Einblicke in die deutsche Filmbranche

Béatrice Ottersbach,
Thomas Schadt (Hg.)
Drehbuchautoren-Bekenntnisse
2007, 182 Seiten, broschiert
ISBN 978-3-89669-649-6

Kristin Derfler
Christoph Fromm
Frank Göhre
Michael Gutmann
Georg Heinzen
Christina Kallas
Bernd Lange
Ulrich Limmer
Sönke Lars Neuwöhner
Martin Ritzenhoff
Dorothee Schön
Gabriela Sperl
Uwe Wilhelm

Klicken + Blättern

Leseprobe und Inhaltsverzeichnis unter
www.uvk.de

Erhältlich auch in Ihrer Buchhandlung.

UVK Verlagsgesellschaft mbH

Weiterlesen

Film · Journalismus · Kommunikationswissenschaft · Public Relations · Soziologie · Geschichte

Unsere Stars bekennen sich:
Exklusive Einblicke in die deutsche Filmbranche

Béatrice Ottersbach,
Thomas Schadt (Hg.)
Kamerabekenntnisse
2008, 332 Seiten
24 s/w Abb., broschiert
ISBN 978-3-86764-055-8

Tom Fährmann
Eberhard Geick
Philip Gröning
Jo Heim
Andreas Höfer
Florian Hoffmeister
Bernhard Jasper
Judith Kaufmann
Hanno Lentz
Sophie Maintigneux
Diethard Prengel
Thomas Riedelsheimer
Gernot Roll
Thomas Schadt
Matthias Schellenberg
Jörg Schmidt-Reitwein
Philipp Sichler
Jochen Stäblein
Wolfgang Treu
Yvonne Tratz

Klicken + Blättern

Leseprobe und Inhaltsverzeichnis unter
www.uvk.de

Erhältlich auch in Ihrer Buchhandlung.

UVK Verlagsgesellschaft mbH